CINE MONSTRO

Daniel MacIvor

CINE MONSTRO

Cobogó

SUMÁRIO

Apresentação, por Enrique Diaz   7

CINE MONSTRO   9
MONSTER   57

Biografia do autor   107

Apresentação

A dramaturgia de Daniel MacIvor apresenta uma estrutura elaborada em termos de camadas e tempos narrativos que desafia o espectador a "unir os pontos" para ter uma visão do todo. Em *In On It* e *A primeira vista*, as outras duas peças montadas no Brasil e também editadas pela Cobogó, vemos o mesmo procedimento. O autor confere assim uma função ativa ao espectador — um lugar de interlocutor — sem no entanto propor uma relação baseada no tipo de interatividade explícita com que muitas vezes o teatro contemporâneo trabalha. É interessante o tipo de relação que o texto estabelece com o público. Há um flerte com a performance, com o *stand-up*, uma atuação que permite certos improvisos, mas claramente a base do fenômeno teatral está na dramaturgia. Provocar o espectador com o desagradável-fascinante revela mais sobre os espectadores do que sobre os próprios personagens das histórias violentas.

Os textos de MacIvor denotam seu trânsito entre o teatro e o cinema. Ingredientes essencialmente teatrais, presentes tanto nos diálogos quanto nas indicações de cena, combinam-se com uma textura nitidamente cinematográfica, como algumas sugestões de trilha sonora, situações e, especialmente, na edição das cenas. Em *Cine Monstro* existe esse hibridismo que fala também de um lugar cultural que o cinema ocupa, um lugar do primordial e do imagético que nos faz pensar imediatamente em sonhos (e pesadelos), em lembranças imemoriais, em abismos e corredores sem fundo. Abre-se um espaço para o não-eu e para o inominável, e isso assume contornos que podem se prestar tanto ao drama e à revelação de verdades inconfessáveis (sobre mim, sobre você, sobre aquela gente ali no palco) quanto à comédia, o exagero, o jogo. Ele não se quer profundo, o que faz é jogar com o perto e o longe, o raso e o abismal, o cotidiano e um certo discurso sobre a humanidade e sobre a religião. Um olhar sobre o ser humano, seus desejos inconfessos e sua necessidade de contar histórias, de falar de si, de se ver através do que fala, das imagens que constrói. Quase uma sessão de análise.

Enrique Diaz

CINE MONSTRO

de **Daniel MacIvor**

Adaptação de Enrique Diaz
Tradução de Barbara Duvivier

Cine Monstro estreou no Teatro Oi Futuro, no Rio de Janeiro, em 21 de junho de 2013.

Texto
Daniel MacIvor

Adaptação
Enrique Diaz

Tradução
Barbara Duvivier

Direção, iluminação e atuação
Enrique Diaz

Colaboração na direção
Márcio Abreu

Colaboração na iluminação
Maneco Quinderê

Trilha sonora original
Lucas Marcier

Cenografia
Simone Mina

Vídeos
Batman Zavareze e Nathalie Melot

Assistente de direção
Keli Freitas

Produção
Henrique Mariano e Enrique Diaz

Escuro. Pausa longa.

ADÃO: [*sussurrando*] Shh. Babaca. O filme está começando. Você quer perder o começo? Todo mundo adora cinema. E o filme começa no começo dos tempos. Com o escuro e o silêncio. O escuro antes do primeiro amanhecer, onde a natureza é só o embrião da mãe que ela se vai tornar; onde não existem santos porque não existem pecadores para que os santos sejam necessários. Escuro e silencioso. E o silêncio é rompido pela voz que sussurra. A voz sussurrante do escuro que diz: "Shh. Babaca. O filme está começando." E do escuro…

E do escuro venho… eu.

Música. Luz ilumina o palco aos poucos.

Venho eu. Venho mim. Venho meu. Venho me.

Venho eu. Venho mim. Venho meu. Venho me.

Venho eu. Eu. Eu. Eu.

Eu prefiro ser um oceano para um homem que se afoga do que um copo d'água para um homem no deserto.

Eu prefiro ser um incêndio para uma floresta do que um fogareiro para um sem-teto.

Eu prefiro ser um dilúvio para uma cidade de dez pessoas do que uma represa para uma nação de milhões.

Um blecaute do que um feixe de luz, um dia muito curto e uma noite muito longa.

O meu será meu, o meu será tudo, o meu será meu único interesse.

O meu será meu, o meu será tudo, o meu será meu único interesse.

O meu será meu, o meu será tudo, o meu será meu único interesse.

E vocês se perguntam:

Quem é esse cara?

O que que eu tô fazendo aqui?

O que eu ganho com isso?

O que EU ganho com isso?

Bom dia.

Mudança de luz.

JANINE: Bom dia.

TÉO: Dia.

JANINE: Dormiu bem?

TÉO: [*sarcástico*] Nossa, muito bem…

JANINE: Você está sendo sarcástico?

TÉO: Não, é… Eu tive aquele pesadelo de novo…

JANINE: Que pesadelo?

TÉO: [*bravo*] Janine, o mesmo pesadelo que eu tenho sempre!

JANINE: Bom, muito obrigada, que jeito legal de começar o dia!

TÉO: Desculpa, não é você, sou eu.

JANINE: Pode ter certeza!

TÉO: Desculpa.

JANINE: Então, que pesadelo?

TÉO: Aquele em que eu tô correndo na rua, pelado, gritando, coberto de sangue.

JANINE: Ah, aquele com seu pai.

TÉO: É, aquele com meu pai.

JANINE: Sabe de uma coisa, amor? Téo? Amor?

TÉO: Quê?

JANINE: Sabe o que você devia fazer da próxima vez que tiver esse pesadelo? Você devia dar meia-volta, enfrentar seja lá o que for aquilo do que você está fugindo e dizer: Para!

TÉO: Meu Deus, Janine, como você é simplória.

JANINE: Quê?

TÉO: Nada. É, valeu, vou tentar. Obrigado.

JANINE: O que é que você disse?

TÉO: NADA!

Mudança de luz.

ADÃO: Bom, tem o Téo e tem a Janine. Vocês vão vê-los de novo mais tarde. Eles são assim, eles brigam... O tempo todo. E se é assim agora, como é que vai ser quando eles se casarem. Isso se eles chegarem a tanto. Mas alguma coisa me diz que eles vão. Acho que é o amor. Agora, ela tem razão. Quer dizer, se você está tendo um pesadelo, quem é que vai te defender? Me parece que depende de você. É enfrentar e fazer a coisa parar.

Para!

Acho que é uma boa ideia.

Para!

Acho que eu podia tentar isso também... Se algum dia tiver um pesadelo...

Parar.

Mas isso exigiria disciplina. Enfrentar. Disciplina. É uma coisa que está em falta hoje em dia. Bom, com pais ausentes e crianças autocentradas que não param de se multiplicar, não há disciplina. E aí o que acontece? As crianças enlouquecem... Ou então ficam o dia inteiro à toa, sem fazer nada.

"Não tem nada pra fazer." Lê um livro. Arruma o seu quarto.

"Nada pra fazer."

Vai rezar um Pai Nosso!

Luz e som.

FRED: Nada pra fazer.

Não tem nada pra fazer.

Nada nunca acontece. Aqui. Pra mim. Beleza.

Menos nas férias do ano passado. Uau. Aquilo foi um acontecimento. Aquilo realmente foi um acontecimento. Quer dizer, não aconteceu comigo, na verdade, mas aconteceu com a vizinhança, aconteceu com a cidade, com o mundo, vocês devem até ter lido nos jornais… Primeiro de fevereiro. Eu sei porque é quando a minha mãe faz aquele churrasco incrivelmente lamentável pra, tipo, o tio Ernestinho e todos os meus priminhos. Sabe, o tipo de churrasco em que as pessoas ficam te perguntando: "Em que série você tá?" O que é superinteressante de se conversar, tipo, nas férias. Enfim. Beleza. Mas foi durante o churrasco que aconteceu. Quer dizer, não, peraí, quer dizer, toda a parada da tortura tava acontecendo durante o fim de semana — e era um fim de semana longo, então foram três dias de tortura. Mas foi durante o nosso churrasco que eles acharam o corpo.

Parece que os dois policiais desceram até, tipo, uma saleta que ficava, assim, meio embaixo da casa, tipo um porão, e tava muito escuro e a primeira coisa que eles viram foi aquela caixa grande de papelão no meio da parada, toda molhada na parte de baixo, e depois um toca-discos velho com um disco girando e girando e girando e atrás do toca-discos o forno e atrás do forno o berço e no berço tinha aquela coisa, mas eles não conseguiam entender o que era. E aí no escuro eles ouviram, "Por quê?", e foi aí que eles acenderam a luz. E foi aí que eles viram o que tava na caixa e aí que eles viram o que tava no berço. E o que tava no berço era uma cabeça e um tronco, e o que tava na caixa era, tipo, todo o resto.

Um policial vomitou no nosso quintal. O outro se aposentou aos 33 anos.

Gotas de chuva continuam caindo sobre a minha cabeça… "Raindrops Keep Falling on My Head". Ou alguma coisa assim. Que é tipo uma música antiga de um filme antigo qualquer. Era essa a música que tava tocando.

Cara... Eles Eram Muito Estranhos. Quer dizer, eu devia saber, né, porque eles moravam do nosso lado. Mas eles eram. Bem Estranhos. Quer dizer, até os nomes... Bolla. Pensa bem. Bolla... com dois "L", mas... Bolla? Quer dizer, se você for uma pessoa maneira, até dá pra se virar com um nome desses, mas se você for estranho e tiver um sobrenome, tipo, Bolla, aí fica puxado... Quer dizer, tudo bem, mesmo com nomes não estranhos às vezes a pessoa não dá sorte, né, tipo esses dois irmãos que eu conheci, na escola, um era Paulo e o outro era Ricardo, e eles, pô, viviam juntos, né, tipo ah, Paulo e Ricardo, Paulo e Ricardo, Paulo e Ricardo. Aí passou um tempo, Paulo e Ricardo virou Pau no Ricardo, né, passou mais um tempo, pau no Ricardo virou pau-no-cu-do-Ricardo, depois ficou cu-do-Ricardo, aí quando ficou só cu, ficou os dois irmãos, cuzinho e cuzão, aí eles tiveram que mudar de escola... mas isso é falta de sorte... Mas os Bolla, eles eram muito estranhos. Principalmente o Boiola... Era o apelido dele, Boiolinha... Quer dizer, antes, a gente chamava ele de Bolla Boy. Durou um tempo, Bolla Boy. Mas, pô, Bolla Boy era meio americanizado, e era meio enrolado de falar, especialmente se você tava correndo atrás dele e gritando tipo: "Ô, Bolla Boy, eu vou acabar com a tua raça!" Quer dizer, n-n-nã-não que eu tenha dito isso.

Mas ele era bem esquisitão...

Cara, o moleque não conseguia nem andar de bicicleta. Nem jogar futebol... E ele tinha um cheiro tipo… leite de rosas… porque ele usava tipo… muito, tipo ele botava, sei lá, seis frascos em cada sovaco. Era um certo futum… E o seu Bollão, o pai… também era bem estranho. Ele era técnico de futebol… Não precisa dizer mais nada. E ele bebia. Muito. Mas também, qual é o pai que não bebe, né? A não ser que ele seja crente… Cara, quando meu pai morava aqui nossa geladeira era, tipo, uma loja de cerveja, tipo você abre a geladeira e tem uma fila de pessoas dentro e um cara atrás do leite fala: "Próximo!" Cara, a geladeira lá em casa era assim…

E a dona Bolota, a mãe, ela era muito tensa, entendeu? É o que a minha mãe dizia, porque ela achava que era a mãe perfeita, então ela se comportava que nem as mães de comercial de margarina, e tava sempre pra lá e pra cá com uma bandeja no quintal carregando sei lá o quê. Tipo limonada, mate, biscoito… qualquer coisa… E ela nem percebia como era triste aquilo… porque nunca tinha ninguém no quintal. Só o Boiola. Ou eu, se eu tivesse, assim, tipo desesperado ou de castigo, ou sei lá…

Eu jantei lá uma vez. [*justifica*] Tava querendo dar uma força… E sabe o que tinha pra jantar? Macarrão. Só macarrão. E eu não tô dizendo só macarrão, só macarrão, tô dizendo macarrão, ponto. Macarrão puro. Tipo sem nada em cima. Tipo nem ketchup. Nem queijo ralado. Macarrão pelado. Pô, e, cara, mais estranho ainda… A dona Bolota cortou o macarrão do seu Bollão e do Boiola pra eles. Assim, tipo, na minha frente. E eles não pediram pra ela parar, tipo, de vergonha, não! Cara, se ela viesse cortar meu macarrão eu ia ficar tipo: "Cara, afaste-se! Isso aí é muito estranho! Dona Bolota!" Mas ela não veio.

Eles eram realmente bem estranhos, mas eu não acho que ele merecesse morrer daquele jeito. Quer dizer, eu falei, ele era técnico de futebol, né, quer dizer, ele nunca foi meu técnico, mas eu já tive um técnico, eu já fui pra campeonatos em outras cidades, já fiquei em hotéis, tá, eu sei o que acontece. Tipo meia-noite, tipo toc, toc, toc, tipo: "Como tá sua perna machucada?" Tipo toc, toc, toc, tipo: "Posso fazer massagem na sua perna machucada?", tipo: "Relaxa enquanto eu faço massagem na sua perna." Tipo, essa não é a minha perna, seu Fulano? Por que você não vai no quarto do cuzinho e cuzão, no final do corredor? Cara, odeio quando isso acontece.

E ele batia nela. seu Bollão. Ah, batia. Na dona Bolota. Isso foi o que a minha mãe falou, porque uma vez minha mãe viu a dona Bolota na aula de artesanato e ela tava com um olho roxo e minha mãe perguntou o que tinha acontecido e a dona Bolota falou: "Ah, nada, caí." Caiu... Como assim? De cara na maçaneta? Tropeçou no tapetinho, pof?

[*lembra*] Ah, e a dona Bolota sempre ia pra casa da mãe dela, ou da irmã, sei lá, tipo de repente, tipo, no meio da noite! O que, né, tá na cara que levou uns tabefes...

E ela tava na casa da mãe dela ou da irmã sei lá no fim de semana em que aconteceu. E quando ela voltou e viu o que aconteceu, ela, tipo, surtou completamente. Totalmente. E eu acho que ela meio... tipo, surtou completamente, tipo, de culpa: porque ela quis que aquilo acontecesse. Entendeu? É uma projeção. É psicológico. É quando você tem esses sentimentos meio intensos por alguém ou alguma coisa mas você não consegue lidar com esse sentimento, então você joga aquilo em outra pessoa ou coisa… mas às vezes dá um rebuceteio e sai pela culatra… Aí você tem um surto, aí você tem que tomar remédios pesados e aí você começa a andar estranho porque você sente os pés inchados. Isso acontece com as pessoas.

Mas acho que é até normal ela ter surtado porque o que aconteceu foi, tipo, bem estranho…

Parece que o que aconteceu foi que o Boiola levou o seu Bollão pra saleta lá de baixo com uma desculpa qualquer, tipo: "Pai, tem cerveja lá embaixo."

E aí o seu Bollão desce e fica tipo: "Cadê a cerveja?" E aí o Boiola joga, tipo, uma rede de pescar no seu Bollão e dá uma porrada na cabeça dele com, tipo, o remo do caiaque, e quando o seu Bollão acorda ele tá todo amarrado no berço atrás do forno, tipo "Que porra é essa?", né, tipo "Vou te matar, moleque", né, e aí o Boiolinha vira pra ele e tá com o serrote na mão. O serrote da caixa de ferramentas que a dona Bolota tinha dado de presente pros dois no Natal anterior, como um presente a dois, pra eles se aproximarem, pra eles estreitarem os laços. Ela até usou essa expressão: "Estreitar os laços." Eu sei porque tava no jornal. Eu recortei. Tá no meu caderno.

E aí o Boiolinha tá lá com aquele serrote, ainda com a etiqueta, né, que ainda não tinha usado, e o seu Bollão, tipo "Que porra é essa?", tipo "Tu vai morrer, moleque", tipo, sem entender… e com o serrote ele cortou o dedo do seu Bollão até a segunda junta, simplesmente, e aí ele pegou um maçarico e usou o maçarico pra cauterizar a ferida e parar o sangramento que é uma coisa que ele viu nesse programa de ciência esquisitão da TV a cabo que eu também vi, né, que qualquer um podia ver, né, se tivesse TV a cabo. Eles falam de violência na televisão mas a ciência na televisão... né? Não tem problema. E aí o Boiolinha vai, corta o dedo do seu Bollão da segunda junta até a articulação e cada dedo assim, em dois pedaços, e aí os polegares e as mãos e o antebraço e o..., comé que chama?, o úmero, e tudo até o seu Bollão virar só uma cabeça e um tronco. Uma cabeça e um tronco vivos. Uma cabeça e um tronco vivos que o Boiola obrigou durante todo o fim de semana, ele, o seu Bollão, a assistir ele pegando cada pedaço do seu Bollão e colocando na caixa de papelão onde tava escrito de um lado "Desculpas" e do outro tava impresso "Instruções de Montagem".

Cara, isso não daria um filme sensacional???

[*grito*] "Para! Para, por favor! Pelo amor de Deus, para com isso, pelo amor de Deus!"

"Tá arrependido? Tá arrependido, tá? Tá arrependido por esse dedo que apontou todos os meus erros, tá arrependido? Tá arrependido por esse polegar que nunca disse que ia ficar tudo bem? Tá arrependido por essa mão que nunca me ajudou a levantar?"

"Tô, sim, tô arrependido, para, por favor, eu sou seu pai."

"Você pode ser meu pai, mas eu sou o filho. Eu sou o filho criado para te destruir!"

Luz e som.

Ou alguma coisa assim...

"Raindrops Keep Falling on Your Head"...

Foi essa música que o Boiola botou no *repeat*, bem alto, pra disfarçar os gritos do seu Bollão. O que é verdade, é verdade, porque a minha mãe se lembra de ter ouvido isso quando ela foi virar a carne do churrasco...

E o mais estranho: ele deu comida pra ele. Durante esses três dias... E não precisava, né, que, tipo, dá pra viver trinta, quarenta, cinquenta, sessenta dias sem comer que num morre, né. Mas ele fez isso. Ele alimentou o seu Bollão. Macarrão. Macarrão puro. Imagina o seu Bollão só uma cabeça e tronco e talvez um pedaço de coxa, no berço, detalhe do berço, e o Boiola todo agachado do lado dele cortando o macarrão igual a dona Bolota fazia e dando pro pai comer. "Toma, come um macarrãozinho. Vai te fazer bem."

Come um macarrãozinho...

E eu fico pensando se isso não prova que o Boiola realmente amava o pai dele. Será?...

Imagina que bosta ter macarrão puro como última refeição. Imagina se acontecesse com você.

Som e luz.

ADÃO: Que garoto bacana. Foi uma pena, o que aconteceu com ele. Sabe, ele ficou tão obcecado com aquele crime que não conseguia pensar em mais nada. Ele fez uma simulação da cena do crime no porão da casa dele... Ficou com uma fixação nos menores detalhes: o peso das partes do corpo na caixa de papelão, a quantidade de sangue perdida entre a incisão e a cauterização. Ele ficava na internet o dia inteiro e se afundava em textos de medicina, nos artigos sobre o crime, fazia cópias, tinha cinco cadernos idênticos. Ele não conseguia pensar em mais nada, não conseguia falar em mais nada.

Mas as pessoas pararam de querer falar sobre isso, até porque coisas mais interessantes aconteceram: aquelas adolescentes do outro lado da cidade que comeram a própria avó, aquela mulher da cachoeira que fazia joias com os ossos do filho dela e vendia para os turistas... Mas ele só queria saber dos Bolla e o Boiola e por que o Boiola tinha feito aquilo. Por quê? E essa é a pergunta que levou esse garoto tão longe para dentro dele mesmo que ele se perdeu num mundo de por quês. E por que é a única pergunta que nos resta quando a gente se pergunta por que ele fez o que fez. Uma noite. Foi dar uma caminhada na beira da estrada. Até que ele se meteu no lugar mais perigoso. E ficou ali, parado. E esperou.

Som e luz enquanto Fred anda no meio da estrada.

"Por quê..."

Luz e som voltam ao normal.

Pobre garoto.

Mas todo mundo tem uma história. Eu sei que cada um de vocês tem uma. E vocês sabem que eu tenho uma. É por isso que vocês estão aqui. E eu estou muito feliz que vocês estejam aqui, é muito bom ver vocês. Claro que vocês estão todos mais velhos e mais feios e mais burros do que vinte minutos atrás, mas isso não é nenhum crime. Bom, o que vocês queriam, com seus dias ocupados até o topo com coisas que não dão em nada nunca...

[*pausa*]. Tem alguém aqui que não gosta de mim. Olha, é melhor parar com isso… Você pode ser expulso… Ou pior, eu posso te trazer até aqui e fazer você explicar pra todo mundo como você manipulou cada situação em que você se envolveu para se dar bem. É, tô falando com você, ô babaca.

Tô brincando… Não, é claro que eu não vou fazer isso… Não fica com medo. Do que você vai ter medo? Você é o rei. Isso, você é o rei do seu mundo. Cada um de vocês não é o rei ou a rainha do próprio mundo? Então o que vocês, reis e rainhas, têm que fazer, é enfileirar os seus medos contra a parede e chamar o pelotão de fuzilamento. Isso, sim, é conselho bom.

Oi. Eu sou o Adão. Quer dizer, vocês podem me chamar de Adão.

Som: "Oi, Adão."

Odeio esse nome. Bom, "odeio" é forte, afinal é o nome que vai ser escolhido pra mim e com certeza tem seu significado, sua história; mas tá vendo, esse é o problema, porque a História não me toca, porque a História não se aplica a mim, porque na verdade eu não existo. Ah, eu, eu, eu, eu, eu, chega de falar dele. Vamos falar de outra pessoa. Vamos falar de alguém que existe. Vamos falar do Téo.

Som: telefone toca, voz: "Janine na linha 2". Luzes laterais.

TÉO: Oi.

JANINE: Oi, querido, é a Janine.

TÉO: Sim, Janine, eu sei que é a Janine, é por isso que a gente paga uma telefonista, pra dizer que é a Janine.

JANINE: Você acha que está sendo engraçado, mas você está sendo mauzinho...

TÉO: Desculpa. O que foi?

JANINE: Eu tava pensando /

TÉO: Sei...

JANINE: Eu acho que entendi sobre o que é o seu pesadelo.

TÉO: Janine, tô no trabalho.

JANINE: Eu sei, claro, mas hoje à noite...

TÉO: Janine, eu tenho lá a minha reunião hoje à noite.

JANINE: Tudo bem, então, depois da sua reunião.

TÉO: Não, Janine, eu vou dormir na minha casa hoje.

JANINE: Meu querido, você só vai pra casa ficar mal-humorado.

TÉO: Não, eu só preciso passar um tempo sozinho.

JANINE: Você pode passar um tempo sozinho... comigo.

TÉO: Hoje não, Janine.

JANINE: Ah, sim, você tá me devendo um filme, você disse!

TÉO: Hoje não!

JANINE: Você tá, sim, me devendo um filme!

TÉO: Não /

JANINE: Você disse, você falou, um filme, tá me devendo um filme...

TÉO: Tá bom, tá bom, tá bom!

Luz.

ADÃO: Téo! Que cabeça quente. Se você não quer ir, é só falar que não quer. "Tá bom, tá bom, tá bom." Quem é simplório agora?

Mas a gente não deve julgar o Téo muito rigidamente muito cedo porque, como disse Da Vinci: "Não temos o direito de não gostar de uma coisa que não compreendemos plenamente". E se o Da Vinci disse, deve ser verdade, porque ele era muito esperto. Então, no espírito Da Vinci, a fim de compreendermos o Téo mais plenamente, vamos fazer uma viagem... Uma viagem no tempo... Lá para trás. Antes de as mulheres resolverem queimar seus sutiãs, quando o Vietnã era só um lugar no mapa, duas semanas antes de nascer o primeiro dente do Téo. E nós vamos conhecer: o pai do Téo.

Luz e som.

PAI DO TÉO: Rob Roy, Rob Roy, Manhattan... Rob Roy, Manhattan, Cosmopolitan...

Bebê chora.

PAI DO TÉO: HELEN!

ADÃO: Esse é o pai do Téo. É um sábado à tarde, e ele está tomando uns drinques na sala de estar. E não há nada de errado nisso... Ele construiu essa casa, deu essa vida pra essa família, não há nada de errado em alguém beber alguns drinques em sua própria sala de estar num sábado à tarde.

PAI DO TÉO: Rob Roy, Rob Roy, Manhattan, o Steinhäger, o Whisky Sour... Cosmopolitan...

Bebê chora.

PAI DO TÉO: Rob Roy, Margarita, HELEN!

ADÃO: ... É a mulher do pai do Téo. A mãe do Téo. Ela está no jardim, lá atrás. Ela passa muito tempo no jardim. Ela quase nunca tira as luvas de jardinagem. Ah! Talvez seja por isso que o Téo tenha dado luvas de jardinagem pra Janine e pedido pra ela usá-las enquanto eles... Não precisamos de detalhes, não é? Enfim.

Bebê continua a chorar.

PAI DO TÉO: Caipivodca, caipisaquês, e a caipirinha brasileira... Por que esse bebê não para de chorar?

ADÃO: ... No quarto ao lado, está o pequeno Téo.

PAI DO TÉO: Caipivodca, saipicassê, e a brasileirinha... brasileira... Por que esse bebê não para de chorar?

ADÃO: O bebê não para de chorar, senhor pai do Téo, porque ele é igualzinho a você. Ele sente tudo. E você sabe como pode ser ruim sentir tudo. É por isso que você gosta tanto do seu:

PAI DO TÉO: Rob Roy, Manhattan, caipijodca, por que esse bebê não para de ch /

Adão estrangula o pai do Téo, fazendo com que ele se cale.

ADÃO: Porque ele sente tudo. Sabe, isso acontece com algumas pessoas. Algumas pessoas têm pés chatos, algumas pessoas têm dor nas costas, algumas pessoas têm dores de cabeça, algumas pessoas têm alergias e algumas pessoas sentem tudo. Eu tenho isso. Eu posso sentir o que você está sentindo. Não é como se eu estivesse lendo a mente de vocês nem nada, [*entra luz na plateia sutilmente*] bom, não é como se eu pudesse ler a mente das pessoas, mas sempre tem alguns que… Tudo bem, eu não quero apontar pra ninguém aqui nem quero me transformar numa espécie de Mister M tupiniquim, mas alguém nesta sala está preocupado com a filha e eu só queria dizer que… essa é difícil… especialmente nesse caso, então… Só vou dizer que toda a sua preocupação e seu medo não vão mudar nada, ela vai acabar te odiando de qualquer jeito, então por que você não esquece isso e se diverte um pouco? Viu. Eu posso sentir as coisas. Mas vocês também podem. É por isso que vocês estão aqui. Shhhh!

O filme está começando.

Mudança de luz.

JÔ: Oi, meu nome é Jô e eu sou um viciado.

O que é uma coisa boa.

Quer dizer, acho que não ficou claro, a coisa boa é saber disso.

E eu sei.

Quando eu usava… é… eu usava de tudo. Eu bebia, ingeria, engolia, inalava, assim, basicamente… qualquer coisa… menos solvente de tinta porque, cara, quase fiquei cego uma vez com solvente de tinta…

Então, desde que eu tinha 14 anos, o máximo de tempo que eu fiquei, digamos assim, sóbrio, foi 48 horas, tá entendendo, e… isso porque eu tive que tirar o apêndice e o meu fornecedor, incompetente, não conseguiu achar o hospital… Aí, dessa vez, eu decidi parar, porque… Bom, em parte porque… um dos meus rins fez a passagem para uma outra esfera… e em parte porque eu saquei que… assim… quando você tá… como eu vou dizer… na merda… só o que as pessoas de lá querem é saber delas próprias, e foda-se o resto, e o que que eu ganho com isso, e esse não é mais o lugar onde eu quero estar, tá entendendo. Então, beleza, eu parei com tudo…

O problema é que, quando você para com tudo, você fica, basicamente, sem ter o que fazer, tá entendendo… você não sabe, basicamente… o que fazer. Então eu não fazia nada, e ficava esperando… alguma coisa acontecer…

Mas aí eu pensei, tá entendendo, pelo jeito vai depender de mim, de encarar a minha própria vida, de fazer alguma coisa acontecer…

Aí eu tentei fazer umas coisas, tá entendendo, entrei em contato com o velho pra reatar com ele, fiz uns consertos na casa e tal, e fiz umas ligações…

Mas eu pensei, e eu falei pra Pat, minha namorada, que eu precisava de alguma coisa maior, alguma coisa a que eu pudesse realmente me dedicar, alguma coisa como uma recompensa que talvez fosse mudar a minha vida. Tava com esse foco, com esse *target*…

Então nessa noite eu fui dormir, e eu não sou o tipo de cara que reza, tá, mas às vezes eu rezo e quando eu rezo, eu digo "Tem alguém aí em cima?", e aí eu faço o meu pedido, o meu fervor, a minha reza, sei lá… Então nessa noite eu fui dormir e disse: "Tem alguém aí em cima? Porque, na boa… Se tiver, será que você poderia me dar alguma coisa forte preu fazer?" E fui dormir. Né? Fui dormir.

No dia seguinte eu acordo e, sério mesmo, tá entendendo, tava lá... Na minha cabeça, que nem um presente. Uma ideia inteira, pronta... um filme. Agora, não tô falando de uma IDEIA PARA UM FILME, estou falando de UM FILME, tá entendendo, INTEIRO. Quer dizer, se você plugasse um cabo na minha testa e projetasse numa tela, num lençol, numa parede, sei lá, você ia ver dos créditos iniciais até o THE END final, tá entendendo? Quer dizer, desculpe o palavreado, mas, puta que pariu, caralho, de onde é que veio essa merda? Era um *download*, direto...

E era bom, era bom, era bastante bom... Quer dizer, é o tipo de coisa que você tem que ver... mas eu vou tentar... Eu não sou o tipo de cara verbal, mas bom, uma parada, quer dizer, uma das paradas é tipo o começo, quando tudo fica escuro e silencioso, e você tá se perguntando se já começou e aí de repente já começou, e aparece o herói.

Gary Oldman! Gary Oldman! Esse é o cara, tá entendendo, esse é o cara! E é uma história de perseguição, tá entendendo, e ele tá sendo perseguido e aí ele pega carona com uma mulher misteriosa, que na minha cabeça às vezes é a Uma Thurman e às vezes é a Pamela Anderson, tá entendendo — o que é interessante, né, duas atrizes fazendo a mesma pessoa, porque, ué, no fundo a gente também não é sempre duas pessoas, no mínimo, e até mais, tá entendendo? —, e quando eles se encontram pela primeira vez, eles conversam e se dão conta de que eles tinham se visto anos antes numa livraria, e ele diz "Que mundo pequeno", e ela diz "Não é não", e ele diz "Não é não?", e ela diz "Não se você for dar porrada em cada pessoa que mereça." Né? E aí é uma história de amor.

E aí eles se apaixonam, e começam a fugir, e encontram um anão simpático que fica amigo deles e tira eles de vários becos sem saídas...

Mas aí tem uma hora que não dá mais, e eles acabam sendo pegos, e tem essa cena sensacional de madrugada na praia, e o anão simpático vira pra cara do Gary Oldman e diz: "Agora é contigo, irmão..."

E aí o anão simpático explode. E "Agora é contigo, irmão" é tipo um motivo recorrente durante toda a, ahn, tá entendendo...

E tem aquela cena incrível em que o Gary Oldman tá sem esperanças porque perdeu o amigo dele, o anão simpático, e porque a Uma e a Pamela acabaram se encontrando e fugindo juntas, tipo lésbicas selvagens, e ele tá na beira da estrada e percebe que o único jeito de curar a tristeza do mundo é tipo "terminar com tudo", e aí ele se mete no meio dos carros...

Só que assim que ele faz isso a estrada vira um rio e os carros viram peixes, e Gary Oldman atravessa o rio até o outro lado, completamente são e completamente salvo, tipo, um milagre.

Ah, é, e aí a última cena, que é uma espécie de sonho estranho e tem o Gary Oldman criança — cara, imagina o Gary Oldman criança, já é assustador —, e ele tá no porão com o pai e com um serrote na mão, e ele corta o pai dele em pedaços com o serrote e coloca todos os pedaços numa caixa de papelão enquanto fica tocando sem parar aquela música ("Raindrops Keep Falling on My Head")... Pam pam panam panam panam...

Créditos finais... *The End*...

Não é *A lista de Schindler*, mas tem que ter espaço pra todo mundo, né? Mas, cara, é, tipo, 170%

melhor do que a grande maioria do que tá por aí. E também... Quer saber? Fui eu que fiz, é o meu lance, é o lance que eu tenho que fazer da minha vida, tá entendendo? E eu sei o que você tá pensando. "Ah, é, esse cara fazer um filme, hahaha, tá bom...", mas é assim que acontece, você tem que tomar a iniciativa, mesmo que a ideia seja uma porcaria... Você pode ligar pro Spielberg amanhã — se você tiver o telefone dele — e dizer que ele devia fazer um filme sobre a vida da sua avó porque, sei lá, uma vez ela ajudou um vizinho cego, negro, homossexual, judeu, a pintar uma cerca, e vai ver que ele vai lá e faz, e todo mundo chora e paga ingresso e ganha Oscar, tá entendendo... É assim que funciona... ainda mais, eu tenho alguns contatos no mundo do cinema, por causa da Pat, minha namorada, da época que ela fazia programa, e aí aquele cara, que conhece outro cara, que conhece, sabe como é que é, o tal do Andreotti, que é um produtor.

E o Andreotti: "E aí, beleza?" Eu: "Beleza, beleza". O Andreotti tem um pulmão e meia laringe. Aí, eu encontrei o Andreotti e contei minha ideia pra ele, e o Andreotti: "Pô, é uma merda, hein..." E eu tipo: "Ah, é?" E ele, tipo: "Mas merda vende bem." E eu, tipo: "Então o quê, eu tenho que escrever...?" E ele, tipo: "Não, tudo bem, tem uns babacas que a gente paga pra fazer esse trabalho de merda. Isaac!" E o Isaac: "E aí, beleza?" "Isaacão, o cara é escritor." "E aí, como é que você tá? Quer tomar um negócio?" Cara, eu não sabia que judeu bebia. Mas ele bebe. "Não, eu não bebo. Não, eu não bebo." Eu tinha que lembrar ele, toda vez...

Aí eu fui pra casa dele várias vezes, e várias vezes fiquei lá, tipo, contando tudo sobre o filme, sabe, explicando a história; falando dos personagens: o que eles dizem, o que eles fazem, o que eles vestem, a cor das cadeiras e tal, se tem quadro na parede, uma bicicletinha, tá entendendo, e a Denise lá, anotando tudo, a Denise é tipo a mulher dele, assistente dele, mulher dele, e ela fica lá, anotando, muito legal e tal, só que ela tem esse lance de "tenho que fazer xixi..." Toda hora. "Dá licença, eu tenho que fazer xixi..." e, cara, ou essa mulher tem a bexiga do tamanho de uma lêndea, ou temos uma pessoa por aqui com sérios problemas com cocaína, não é mesmo??? Que, né, a gente sabe como funciona. Aí ela chega e "Dá licença, eu tenho que fazer xixi", e eu, vem cá, ô Denise, cara, você acabou de mijar há dez segundos. "Não, é que a minha bexiga é..." Do tamanho de uma... lêndea, né? Hahahahaha...

Mas, beleza, ela é tranquila, e ficava anotando, e a gente chegou no final do filme e eles dizendo vamos brindar com champanhe, e sabe o que eu disse? "Você tem refrigerante? Sei lá, Nescau?" Eles têm champanhe! Eles têm cocaína! E eu pedindo refrigerante! Por quê? Porque agora eu tenho o meu lance, tá entendendo, o lance que eu vou fazer da minha vida. Então a gente chega no final, brinda com champanhe, refrigerante pra mim. Assino uns papéis. E vou embora.

E aí nada. Tudo bem. Aí passa um tempão. Nada. Tô empolgadão, e aí, nada.

Mas o mais incrível é que, durante todo esse tempo em que nada acontece, tudo tá acontecendo comigo, porque eu não quero beber e não quero cheirar e não quero comprimidos e não quero uma puta, e por quê? Porque agora eu tenho o meu lance, tenho a minha ideia. Tô escrevendo um caderno, indo pra academia, parei com os laticínios, parei com glúten, tô um cara diferente.

Beleza. A gente recebe uma ligação de uma amiga da Denise convidando a gente pra uma pré-estreia e eu pensando ok, claro, por que não?, fazer uns contatos, falar de cinema, reconectar com esses caras; então eu e a Pat vamos e a gente chega lá, maior clima tapete vermelho, tipo fotógrafos, e a gente senta e o filme começa, e é o meu filme! É o meu filme!!! Quer dizer, não é exatamente… Algumas coisas são diferentes: quer dizer, Gary Oldman não faz o filme, mas é um cara tipo Gary Oldman…

Agora, o anão simpático tá lá e o viaduto e os peixes tão lá e a namorada tá lá (não são duas atrizes fazendo mas, PASMEM, é a Pamela Anderson…).

Agora, uma coisa eles mudaram, eles puseram o final no começo pra que o garoto e o pai no porão sejam o motivo de perseguirem o Gary Oldman, e ficou, ficou bom, ficou bastante bom… Do meu jeito era mais, tá entendendo, artístico… Mas ficou bom, ficou bom, ficou bom, fez sentido. E, o que é mais impressionante, as pessoas estão amando, ficam aplaudindo! Que nem um show! E depois tem uma festa.

Som.

Uma festa. Uma festa que há dois anos teria sido meu tipo preferido de festa porque é bebida liberada, mas eu não faço mais isso, e todo mundo com um sorrisinho sou-tão-interessante-tenho-pó, mas eu não faço mais isso, e dá pra sentir como todo mundo vai ficar doidão mais tarde, mas eu não faço mais isso. E eu vejo o Andreotti no meio de uma multidão de pessoas e eu digo: Andreotti!

"E aí, Jô, como é que você tá? Gostou do filme?"

Gostei, gostei muito, gostei muitíssimo… Alto nível técnico e artístico… Quando eu recebo meu cheque.

"Tá bom, tá bom, haha, o cara é comédia, é engraçadão… Aí, eu vou pegar um negócio no bar pra gente."

Ei, não, eu não bebo… Ei… Ei, Isaac? E aí, beleza?

"Aham, aham, coé, Juca."

Jô.

"Isso aí, grande Jô, deixa eu te pagar uma cerveja."

Não! Ei, então, escuta, Isaac, qual é a do filme, vai passar nos cinemas ou o quê?

"Vai ser um puta sucesso, peraí um segundo, deixa eu pegar uma bebida no bar pra gente…"

Não, ei, espera, ei. Isaac! Era a minha ideia, cara.

"Você roubou."

Ahn?

"Você roubou aquela ideia, tá na cara…"

Ahn? Ué, você é o anão do filme.

"Agora eu sou o anão da festa. E você roubou aquela ideia."

Não roubei.

"Roubou, do Giancarlo Dominguez."

Quem?

"Giancarlo Dominguez. Vai dizer que nunca ouviu falar de Giancarlo Dominguez?"

Não.

"Mentira. Esse é um filme inacabado dele, *Corte final*. Eu sei, eu li o roteiro. Fiz teste, quase peguei o papel."

Eu acho que você tá errado.

"Eu acho que você é um babaca."

Calma, ô pouca sombra...

"Pouca sombra? Pouca sombra? Você tá morto, veado."

Era minha ideia!

"Será que dá pra vocês se acalmarem, por favor."

Denise, graças a Deus, o que que tá acontecendo com meu filme?

"Seu filme? É o filme do Andreotti."

Era minha ideia.

"Bom, o que é que você quer, você ganhou um crédito. No final. Um agradecimento especial."

Agradecimento especial?

"Dá licença, eu tenho que fazer xixi."

Denise!!!

Ei. Então parece que eu fui enrolado, né, mas de algum jeito eu tinha que começar.

E agora é comigo, irmão.

"Posso te oferecer alguma coisa do bar?" Não, obrigado.

"Quer tomar alguma coisa?" Não, obrigado!

37

Aí o Andreotti me manda uma taça de champanhe. Eu não bebo.

E aí o Andreotti me manda uma carreira de cocaína na boceta da Uma Thurman. Eu não faço isso, cara.

E aí o Andreotti me manda o sangue de Cristo numa seringa novinha. Eu não faço essa porra, cara!

Você já viu um pássaro dentro de um prédio? Um pássaro preso num prédio, ele acha que tá numa gaiola, mas não tá, e tem uma saída logo ali, mas ele não consegue achar, de tão desesperado. Pois é, esse sou eu. Eu sou o pássaro. Sou o pássaro dentro do prédio. Só preciso encontrar uma saída. Preciso de uma folga. Preciso esquecer. Apagar. Às vezes tudo que uma pessoa precisa é de um pouco de tempo.

Mudança de luz.

Quem eu tô querendo enganar? Eu sou um cara das festas. Sou um cara da noite, é isso que eu sou. Quem é que eu vou ser senão eu mesmo?

Mudança de luz.

Jô pega um copo de vinho.

Sabe, semana passada eu ajudei o meu velho a fazer a mudança. Ele tava saindo da casa da namorada e voltando pra casa dele. Aí eu peguei uma caixa grande e muito pesada e falei: "Cara, que que é isso aqui?" E ele: "Ah, são meus troféus de golfe." Eu disse: "Seus o quê?" Ele disse: "Meus troféus de golfe." Eu nem sabia que o velho jogava golfe.

Jô leva o copo de vinho à boca.

Quem é que eu vou ser senão eu mesmo?

Jô bebe. Deixa o copo de lado. Mudança de luz.

São as brumas de Avalon. São as fontes de Atlantis. São os incêndios de Roma. São as dançarinas de Las Vegas. São cinco pra meia-noite a noite inteira e eu tô de volta!

E eu saí de lá e tô em outro lugar, num lugar eu! E tem cotovelos no bar e uma criatura linda no balcão, e ela mora bem ali em cima e que coleção de discos incrível!!! E tem cerveja na geladeira e whisky na garrafa e maconha numa caixinha de madeira da mesa de cabeceira e muito mais de onde aquilo veio, e dez minutos depois é o quarto e todas as posições de Kama Sutra e cada desejo da carne e não vou entrar em detalhes, mas depois ela tá exausta e eu ainda tô pronto, tô viajando e tô na rua, na avenida com o boom boom boom do DJ a noite toda, a noite toda... E nunca acabam as cantadas do meu baú de cantadas e cada conversa é cheia de nossa, você tá tão certa e nossa, isso é tão verdade e nossa, você é tão inteligente e nossa, você é tão engraçado e você é tão linda e você é tão forte e você é tão vermelha e você é tão azul e você é tão você e a gente é tão a gente e vamos, vamos, vamos, e o bar de cima e o *lounge* de baixo e a punheta no banco de trás do táxi, obrigado, irmãos!, pelo quarto de fundos sem janela e pelo *pipe* improvisado numa latinha de refrigerante que faz surgir um monumento, um monólito, uma montanha de meia-noite e pro alto, pro alto, pro alto da montanha eu vou, até que chego no topo onde tem uma vista, um paraíso de vista, uma vista 360 de você, mim! Eu como eu deveria ser! Sou eu, sou eu, finalmente eu estou de volta, finalmente estou livre! Eu sou o rei do meu...

E, sem aviso, a gravidade vai embora. E a gravidade serve pra muita coisa.

A gravidade faz as coisas ficarem no seu estômago, a gravidade impede sua língua de grudar no céu da sua boca, a gravidade deixa seus olhos fecharem de vez em quando.

Mas agora meus olhos estão tão abertos e eu não tenho circulação nas minhas pernas e todos os meus órgãos tão no meu peito e isso não é bom, e eu só quero mais, só que mais não é o suficiente porque nada é o suficiente, e mais é só mais e mais não é o suficiente.

E Pat! Desculpa!...

E aí a gravidade volta com uma vingança terrível e eu começo a descer, de volta pra lama, pra poeira, pra merda, de volta aonde eu pertenço. [*entra luz N.A.*] E o sol nasce e a festa acabou e os créditos aparecem e eu vou pra casa e a Pat foi embora e cadê a recompensa e fodam-se eles e o que eu ganho com isso? [*pausa*]

Enfim. Acho que hoje é o primeiro dia do resto da minha blá-blá-blá.

Enfim. É isso. Obrigado por ouvir. Obrigado a todos. Obrigado por ouvir. Brigado. É isso.

Mudança de luz.

RON: Então tá, obrigado, Jô.

DAVID: Obrigado, Jô.

TINA: Obrigada, Jô.

TÉO: Brigado, ahn, Jô.

RON: Então tá, alguém mais quer dividir alguma coisa?

DAVID: Eu, Ronaldo. Meu nome é David e eu sou alcoólatra.

RON: Oi, David.

JÔ: E aí, David.

TINA: Oi, David.

TÉO: Oi, David.

DAVID: Só queria dizer que eu tô me sentindo muito bem e tô me sentindo muito forte e tô me sentindo muito... sentindo. E isso é uma coisa que eu não sentia há muito tempo e só queria dizer que eu tenho que agradecer a todos vocês por isso... e a mim. [*explode em lágrimas*] Desculpa, eu não queria chorar. [*continua a chorar*] Obrigado, é só isso, desculpa, obrigado.

RON: Então tá, obrigado, David.

JÔ: Brigado, David, cara.

TINA: É, obrigada, David.

RON: Então tá, alguém mais tem alguma coisa pra dividir?

TINA: É, Ronaldo. Oi, eu sou a Tina, e sou dependente química.

RON: Oi, Tina.

DAVID: [*chorando*] Oi, Tina.

TÉO: Ahn, oi, Tina.

JÔ: Oi, irmão.

TINA: Eu não sou seu irmão!

JÔ: Ei, desculpa.

TINA: É, então, bom, eu só quero dizer que a porra da minha mãe, desculpa, tá vindo me visitar essa semana, e vai ficar quatro longos dias na merda do meu conjugado, desculpa, acontece que a vaca dessa mulher me dá tanto na porra da merda dos nervos, desculpa-desculpa-desculpa, que eu queria mesmo era beber um barril de cerveja, mandar um mar de cocaína e nadar de boca aberta numa piscina de brigadeiros. Só queria sair e ficar doidona pra caralho. Perdão... Mas não vou fazer isso porque é por isso que eu tô aqui e porque eu tô me sentindo muito bem, e muito forte, como disse o Davizinho, fora essa calamidade que se aproxima, eu tive uma boa semana, e é isso, muito obrigado por ouvirem.

RON: Então tá, obrigado, Tina.

DAVID: [*se recompondo*] Obrigado, Tina.

JÔ: Tina.

TÉO: É, brigado, Tina.

RON: Então tá, alguém mais quer dividir alguma coisa?...

TÉO: Ahn... Bom. Ok. Oi, eu sou o Téo. E sou... alcoólatra.

RON: Então tá, oi, Téo.

DAVID: [*soluçando*] Oi, Téo.

JÔ:	Oi, Téo.
TINA:	Oi, Téo.
TÉO:	Ahn. Eu só queria dizer que... Quê? Bom. Vocês são patéticos. Não. Quer dizer, patéticos, não, quer dizer, tô gastando meu tempo. Ou o tempo de vocês. Desculpa. Quer dizer, porque isso é besteira, quer dizer, besteira, não, mas é sério, sou eu que... ahn, é, então é isso. Desculpa, esquece, obrigado, desculpa.
RON:	Então tá, obrigado, Téo.
JÔ:	Brigado, Téo.
DAVID:	Obrigado, Téo.
TINA:	Seu filho da...
RON:	Então tá, vamos fechar a reunião. Olha, continuem vindo, que funciona.

Mudança de luz.

ADÃO:	Coitado.

Som: "Oi, Adão".

ADÃO:	Não fode, isso não é sobre mim, é sobre o Téo. Coitado. Ele tá se esforçando, mas é o que ele diria, "eu me esforço tanto...". Mas você olha pra ele e você vê o quê: um cara que não consegue não entediar todo mundo a cada vez que ele abre a boca, não tem amigos, odeia o próprio trabalho, é grosso com a namorada e não a respeita o suficiente pra terminar com ela. Enfim, mas por trás disso tudo o Téo é especial. Claro, todo mundo é especial. Mas o

Téo é especialmente especial porque eu escolhi o Téo para ser parte da minha história. E eu me pergunto o que ele está pensando nesse momento.

Mudança de luz.

TÉO: Eu sou um idiota. "Vocês são patéticos." Por que eu não consigo calar a boca? Como é que uma pessoa pode viver assim? Se humilhando... em público... Tudo errado... Se pelo menos desse pra culpar alguém, ia ser tão mais fácil... Mas eu vou culpar quem? Meu pai? Coisa mais clichê... Se bem que eu sei que fui abusado sexualmente, eu só não me lembro... Se pelo menos eu encontrasse o analista certo, eu tenho certeza que eu me lembraria de tudo em uma sessão, não ia nem gastar dinheiro... Mas que eu fui rejeitado, disso eu não tenho nenhuma dúvida. Porra, até os meus 7 anos achava que meu nome era Rob Roy, sobrenome Cosmopolitan... Até quando eu ainda vou ter que viver essa vida miserável?

Blecaute.

JANINE: Com quem você tá falando?

Luz.

TÉO: Ninguém. Comigo mesmo. Com ninguém.

JANINE: Como foi a reunião?

TÉO: Ah, eu acho que aquilo não é pra mim...

JANINE: Bom, você só foi três vezes.

TÉO: É, mas eu acho que não tem a ver comigo.

JANINE: Eu acho que você acha coisas demais. Me dá um beijo.

TÉO: [*beijo*]

JANINE: Como eu estou?

TÉO: Bonita.

JANINE: "Bonita".

TÉO: Você tá realmente bonita. Achei que a gente só fosse ao cinema.

JANINE: Eu tenho o direito de ficar bonita para ir ao cinema.

TÉO: É, tem, claro...

JANINE: Adivinha.

TÉO: O quê?

JANINE: Tô ovulando. [*com orgulho*]

TÉO: Ah, meu Deus, Janine...

JANINE: A gente já conversou sobre isso.

TÉO: Eu sei, mas...

JANINE: Você disse que quando você colocasse as coisas nos eixos...

TÉO: Mas as coisas não parecem estar nos eixos...

JANINE: Mas você tá indo na direção certa e daqui a nove meses vai ser maravilhoso.

TÉO: Posso imaginar...

JANINE: Então, vamos?

TÉO: ...claro.

JANINE: Por que você tá levando a sua pasta?

TÉO: Vou dormir em casa hoje.

JANINE: Ah, tá, vou pegar minha escova de dentes.

TÉO: [*suspiro*]

JANINE: Você não quer que eu vá?

TÉO: Não, tudo bem, tá bom.

Pausa.

JANINE: Você sabe que a gente deveria conversar sobre morar juntos daqui a pouco.

TÉO: É, podemos conversar sobre isso.

JANINE: Quando a gente se casar.

TÉO: [*suspiro*]

JANINE: Eu sou antiquada, eu não sei por que as pessoas têm tanto medo de compromisso. Você tem que ser forte pra saber quão forte você pode ser.

TÉO: Tá bom.

JANINE: Você só não acredita que merece ser feliz.

TÉO: Não, Janine.

JANINE: Você não quer se casar?

TÉO: Hoje não.

JANINE: Você não quer se casar hoje ou hoje você não quer se casar?

TÉO: A gente precisa falar sobre isso agora?

JANINE: Não, não precisa.

TÉO: Obrigado.

JANINE: Em que você tá pensando?

TÉO: Tô pensando, não tô falando.

JANINE: Mas em que você tá pensando que não está falando?

TÉO: Não tô falando sobre o fato de que não tô pensando em nada.

JANINE: Ah.

Liga o rádio, ouve "Raindrops Keep Falling on My Head".

JANINE: Adoro essa música… É de um filme… Aliás, que filme a gente vai ver?

TÉO: Ah, esqueci, um cara do grupo que tava falando sobre ele. É com a Uma Thurman, a Pamela Anderson, sei lá…

JANINE: Quem?

TÉO: Sei lá. É uma história de amor.

JANINE: Ah, uma história de amor.

JANINE: Então. Você não quer ter esse filho?

TÉO: Esse filho?

JANINE: O filho que eu quero ter.

TÉO: Você tá grávida?

JANINE: Nããão.

TÉO: Então por que você não para de falar sobre isso?

JANINE: Tô ovulando, não consigo evitar.

TÉO: Olha, não sei...

JANINE: Ou é só que você não quer ter um filho comigo?

TÉO: Não. Eu só que... Sei lá... eu acho que não seria um pai muito bom.

JANINE: Mas você seria um pai maravilhoso.

TÉO: Por que você acha que eu seria um pai maravilhoso?

JANINE: Porque você é tão sensível.

TÉO: Eu não sou sensível, Janine, sou deprimido.

JANINE: Você não é nada deprimido. Você é o rei do seu mundo, você enfileira seus medos contra a parede e chama o pelotão de fuzilamento.

TÉO: [*desliga o rádio*] O que você anda lendo?

JANINE: Nada, pensei nisso agora, não é bom?

TÉO: Aham. Olha, eu só acho que eu não tenho nada pra oferecer pra uma criança, já me sinto vazio o bastante desse jeito... Acho que iria acabar culpando a criança por ela existir...

JANINE: Não seja ridículo. Você tem muito a oferecer pra uma criança. Amor, por exemplo. Tem tantas crianças que não são amadas no mundo.

TÉO: Exatamente! Já tem criança demais no mundo.

JANINE: Téo, eu não quero começar a falar de política. Queria um filho meu.

TÉO: Um filho seu! Uma criança não é uma coisa, não pode ser SUA!!!

JANINE: Não é isso que eu queria dizer. Por favor, Téo… Eu tô com meio bebê aqui dentro e só preciso de uma ajudinha sua.

TÉO: Eu não sei o que você quer que eu faça a não ser me sacrificar pela sua felicidade.

JANINE: Bom, por que não? É o que eu faço por você. É por isso que a gente chama isso de relacionamento.

TÉO: Ah, por favor.

JANINE: Ah, por favor o quê?

TÉO: Escuta o que você tá falando, tá bancando a mártir de novo.

JANINE: Não, não tô, Téo.

TÉO: Tá, sim. E você tá me sufocando.

JANINE: Téo, não seja mau.

TÉO: Sua megera!

JANINE: Téo!

TÉO: Megera, sim!

JANINE: Téo!

TÉO: Megera, megera, megera!

ADÃO: Vocês podem fazer silêncio porque o filme tá começando?

Mudança de luz.

Janine assiste ao filme e vai ficando horrorizada. Janine sai correndo.

JANINE: Não acredito que você me levou nesse estado pra ver um filme assim.

TÉO: Que estado?

JANINE: Tô ovulando. Meu óvulo deve estar traumatizado.

TÉO: Seu óvulo não tá traumatizado.

JANINE: Ah, obrigada, doutor, me fale mais sobre o meu útero.

TÉO: Desculpa, eu não sabia que ia ser assim.

JANINE: Foi tão nojento... A ideia de que uma criança pode fazer isso com o próprio pai. Por que alguém faria um filme assim?

TÉO: Ah, Janine, acorda, lê os jornais, isso acontece.

JANINE: Ah, para. Eu vou ter que fazer uns testes de DNA agora, todos os meus óvulos devem estar traumatizados.

TÉO: Deixa de ser estúpida.

JANINE: Você me levou pra ver esse filme só pra me chatear.

TÉO: Eu não tava pensando em você.

JANINE: Exatamente!

TÉO: Para de me encher!

JANINE: Eu entendi o seu pesadelo, Téo. Quer dizer que você é um FDP egoísta.

TÉO: Ah, vai se foder.

JANINE: [*engasga*] Perdão?

TÉO: Eu disse "AH. VAI. SE. FODER".

JANINE: Não, você vai se foder.

TÉO e **JANINE:** Não, você vai se foder.

JANINE: Não, você vai se foder.

ADÃO: Não, vocês vão se foder!

Som: "Oi, Adão."

ADÃO: Ah, vão se foder... Quer dizer, fodam-se! Esses dois. Não é? Quase dá pra sentir o cheiro de bolo de casamento mas esses dois simplesmente não conseguem chegar a um acordo... Não conseguem! Então, parece que a única coisa a fazer é cada um arrumar suas coisas, deixar os créditos subirem e o *The End* final...

Mas não. Porque algumas pessoas não sabem o momento de parar. Lembra? PARA!! Sabe, pra algumas pessoas a vida é um corte de cabelo ruim. Primeiro você pensa: "Como é que eu vou viver com ISSO?!" Mas as pessoas te lembram de que vai crescer, e, enfim, ele de fato cresce, e aí, antes que você perceba, lá está você: de volta ao mesmo cabeleireiro.

Uma pessoa assim precisa de orientação, precisa de um bom conselho. Mas não é qualquer um que dá bons conselhos, e, infelizmente, quando a situação aperta, a maioria das pessoas apela para qualquer um. Não é, Téo?

Mudança de luz.

TÉO: [*dirigindo*] Eu tô tentando, eu tô tentando... Não é possível que sempre dê errado... Ai!... Eu tô me esforçando, tô fazendo o melhor que posso... Eu

fui na reunião... mas ruim com ela, pior sem ela....
Ai... Por favor, por favor, dá um jeito de a Janine
voltar, tá? E faz essa coisa aqui não ser uma pedra
no rim, tá? Combinado? Hein?

Mudança de luz.

ADÃO: Ah, é, algumas pessoas falam com qualquer um
quando a situação aperta. Não é? Elas não falam?
Vocês não falam? Pra quem que vocês apelam?
Qual é o pedido de vocês?

O que vocês querem? O que vocês realmente
querem? A prova de que ela te ama? A certeza
de que ele vai voltar? Não, não, o que vocês realmente querem? Além disso. Por favor. "Uma vida
familiar tranquila. Criar bem os meus filhos. E eu
quero cheirar de vez em quando." Não. Além disso.
Não, não, o que vocês realmente querem? A admi-
ração dos desconhecidos? Mais dinheiro pra mais
coisas? Sexo à vontade? Não, não. Além disso. No
fundo. O que faz o mundo girar? Isso. É isso. Você
não é tão babaca assim. O que que vocês realmente querem? Vingança. Vingança. Por tudo. Vingança. Por ter nascido nesse buraco de merda, nesse
corpo de merda. VINGANÇA!

Mudança de luz.

GIANCARLO DOMINGUEZ: Oi. Oi. Eu sou o GIANCARLO. Giancarlo Dominguez.

Sei que está havendo uma grande polêmica sobre
esse novo filme que saiu e que é supostamente
baseado no meu filme inacabado, *Corte final*, e eu
queria dizer que isso me perturba bastante — não,
isso não tem nada a ver com dinheiro ou direitos
autorais — uma ideia não pertence a ninguém.

O problema é o motivo pelo qual eu não terminei o filme.

Eu tenho que dizer que o filme tinha cenas ótimas: a abertura, com o escuro e o silêncio, era muito bonita, a cena da estrada e dos peixes era surpreendente etc. O problema começou com as cenas macabras no porão com o pai e o filho e o serrote. Quando eu filmei essas cenas, e depois, quando vi o copião, fui tomado por uma tristeza profunda...

Porque aquilo era uma ação justificada simplesmente pelo desejo de destruição, e vocês me desculpem, mas isso não é real.

Não é real porque não é humano.

Porque nós somos criadores e não destruidores. Eu sei, eu sei, eu leio os jornais, mas me pergunto se o mal que existe no mundo hoje em dia não tem a ver em parte com homens como eu fazendo filmes como esse. É justamente a exploração do medo, o medo como disfunção social, criado pela necessidade das instituições de limitar a liberdade pessoal, claro, pra transformar em consumo material...

Enfim... O que interessa é que eu parei o filme. (Bem, o fato de não ter terminado o filme praticamente destruiu a minha carreira de cineasta...)

Mas, na época, eu percebi, como eu percebo agora, com esse novo filme, que a gente não tem que mostrar esse tipo de coisa. O que a gente precisa fazer — e se há um momento certo para fazer isso, este momento é agora — é desviar a atenção da escuridão que a gente parece ter criado. Nós temos que assumir essa responsabilidade.

Então eu gostaria de pedir a cada um de vocês agora, do jeito que vocês quiserem, para desviar a atenção da escuridão e focar nas coisas boas. Nas coisas... Ca...Ca...Ca...

Mudança de luz.

ADÃO: Cala a boca! Era real. Era tão real. Ação justificada pelo desejo de destruição, vocês amam essas coisas... Vocês adoram porque excita vocês, o lado negro de vocês...

Eu acho que é um ótimo filme, e se você não acha, isso só prova que você é um imbecil. E eu estou falando com você, babaca.

Tá ofendido? Deveria, o meu trabalho é esse. Eu te insulto pra que você fique indignado. Eu te humilho pra que você possa se justificar na sua automutilação... Eu faço você se sentir mal com você mesmo pra que você possa, em troca, ser condescendente com a gentalha que te cerca. A comunidade...

Eu sou sua raiva e sua frustração.

Eu sou a parte de você que prefere ver o homem se afogar, a floresta pegar fogo, a barragem ceder, a escuridão vencer. Eu vivo nesse mundo como um vírus. Nesse mundo que vocês criaram. Nesse mundo que precisa saber, saber, saber de todos os detalhes sórdidos, para ser o mais esperto, mais inteligente, mais esperto que puder. E aonde essa esperteza te leva? Pra beira do viaduto, pronto pra dar aquele passo, esperando um milagre.

Som:"Oi, Adão".

Oi. Pensem em mim sempre que vocês lerem essas coisas terríveis nos jornais que te lembrem quão baixo você pode chegar, quão estranho tudo pode ficar — como não há explicação lógica pra nada — nenhuma resposta para… "por quê…".

Lembrem-se de mim quando vocês sentirem a escuridão eterna em volta de vocês, quando sentirem a escuridão inevitável do coração de vocês. Shh!!! O filme vai começ…ah…ah… ah /

Mudança de luz.

JANINE: [*rindo*] Bom, vou falar uma coisa sobre esse filme… Eu fiquei muito contente que o Téo tenha me levado pra assistir a esse filme, porque se ele não tivesse, a gente não teria brigado, e se a gente não tivesse brigado, a gente não teria feito as pazes de forma, digamos, intensa; e se a gente não tivesse feito as pazes, talvez eu não estivesse grávida, agora.

Tô tão feliz. Isso é o que eu sempre quis. Eu e o Téo vamos nos casar, assim que ele melhorar da pedra no rim, ele tá internado no hospital, coisa chata… A gente já sabe que vai ser menino. O Téo vai ser um pai maravilhoso. Ele vai ensinar nosso filho a jogar bola e a pescar e a andar de bicicleta. Mal posso esperar pra contar pra todo mundo. "É com orgulho que Téo e Janine Bolla, com dois 'L', lembrem-se, anunciam o nascimento do filho deles: Adão." É lindo, né? Eu que escolhi. Isso, sim, é uma esperança no final do dia. Boa noite.

Janine se transforma em Adão.

ADÃO: [*bocejando*] Durmam bem.

Música e luz para o fim.

MONSTER
de **Daniel MacIvor**

VERSÃO ORIGINAL

Monster estreou em janeiro de 2007, em Toronto, no Canadá.

Texto
Daniel MacIvor

Direção
Daniel Brooks

Elenco
Daniel MacIvor

Iluminação
Andy Moro

Som e Trilha original
Richard Feren

Produção
Sherrie Johnson
Buddies In Bad Times Theatre

In da da kamera's production of Monster the actor stayed on one spot for the entire show — leaving only as Joe, to get a glass of "champagne" from off stage. It is not essential that the show be performed this way but it worked for me.

Also, our sound designer scored much of the show with many kinds of horror movie sounds and compositions. This is not always indicated in the stage directions.

Darkness. Long pause.

ADAM: [*waits for a sound from the audience then whispering*] Shh.
[*another pause. Waiting for another sound from the audience and then:*]

Shut up asshole. The movie's starting. You don't want to miss the movie. Everybody loves the movies. And the movie begins with the beginning of time. With silence and darkness. The darkness before the first dawn, where nature is yet the fetus of the mother it will be; where there are no saints because there are no sinners to need saints. Dark and silent. And the silence is broken by the whispering voice. The whispering voice from the darkness. The whispering voice from the darkness which says: "Shut up asshole. The movie's starting." And from the darkness …

And from the darkness …

And from the darkness come … I.

Music. Light slowly up.

ADAM: Come I. Come I. Come me. Come mine. Come my. Come I. Come I.

Come I. Come I. Come me. Come mine. Come my. Come I. Come I.

Come I. Come I. Come me. Come mine. Come my. Come I. Come I.

I'd rather be an ocean to a drowning man than a drink to a man in the desert.

I'd rather be fire to a forest than a fire to a forty-day blizzard.

I'd rather be a flood to a village of ten than a dam to a nation of millions.

I'd rather be a blackout than a burst of light, a very short day and a very long night.

Mine will be mine, mine will be all, mine be my only concern.

Mine will be mine, mine will be all, mine be my only concern.

Mine will be mine, mine will be all, mine be my only concern.

And you wonder:

Who is this guy?

Why am I here?

What's in it for me?

What's In It For … ME!

Light shift.

ADAM: Good morning.

JANINE: Good morning.

AL: Morning.

JANINE: Did you sleep well?

AL: [*sarcastically*] Yeah great.

JANINE: Are you being sarcastic?

AL: Oh I had that nightmare again.

JANINE: Which nightmare?

AL: [*angry*] Jesus Janine, the same nightmare I always have.

JANINE: Well thank you very much, that's a nice way to start the day.

AL: I'm sorry, it's not you it's me.

JANINE: It certainly is!

AL: I'm sorry.

JANINE: Well which nightmare?

AL: The one where I'm running down the street naked covered in blood and screaming.

JANINE: Oh, the one about your Dad.

AL: Yeah the one about my Dad.

JANINE: Well you know what honey? Al? Honey?

AL: [*shaving*] What?

JANINE: [*putting on her bra*] Al, you know what you should do next time you have that nightmare? You should turn around and face whatever it is you're running away from and just say: Stop!

AL: Christ Janine you're such a simp.

JANINE: What?

AL: Nothing. Yeah thanks I'll try it. Thanks.

JANINE: What?

AL: NOTHING!

Light shift.

ADAM: Al! Now now Al there's no reason to be angry at Janine. It's not Janine's fault you're in a bad mood. That's Al and Janine. You'll be seeing more of them later. They fight like that all the time. And if it's like that now what's it going to be like when they're married? If they even get that far. But something tells me that they will. I guess that's love talking. And she has a point though. I mean if you're having a nightmare who's going to stop it for you? Seems to me it's up to you. To step in and stop it.

Stop!

I think it's a good idea.

Stop!

I might try it myself sometime. If I ever have a nightmare.

Stop.

But that would take discipline. To step in and stop it. Discipline. And that's in short supply these days. Well between absent parents and child-centered child rearing there's no discipline. So what happens? The kids run wild. Or they sit around on their cans all day doing nothing. "There's nothing to do. There's nothing to do." Read a book. Clean your room.

"There's nothing to do."

Say your prayers!

Light and sound shift.

MONTY: There's nothing to do.

There's nothing to do.

Nothing ever happens. Here. To me. Whatever.

Except for last summer. That was something that really happened. It didn't really happen to me though. But it happened to the neighborhood, it happened to the city, it happened to the world, it was in all the papers, you probably even read about it even. Remember last summer? The weather was so weird — maybe that's why it happened, all the weird weather. July First. I know because that's when my Mom always has her incredibly lame barbeque for like stinky old Great Uncle Ernie and all the inbred little cousins. You know, the kind of barbeque where people are always coming up to you and asking "What grade are you in?" Which is so interesting to talk about like in the summer. Right. But it was while we were having the barbeque that it happened. No well I mean no I mean the whole torture thing was happening all weekend — and it was a long weekend so it was three whole days of torture. But it was while we were having the barbeque that they found the body.

Sound.

Apparently what happened was the two cops went down into the basement and it was really dark and the first thing they could make out was this big cardboard box in the middle of the room all soggy on the bottom and then an old stereo with a record on it going round and round and round and behind the record player is the furnace and behind the furnace is the cot and on the cot is this thing but they couldn't make out what it was. And then in the darkness they hear "Why?" And that's when they turn on the light. And that's when they see what's in the box, and that's when they see what's on the cot. And what's on the cot was a head and a torso and what's in the box is everything else.

One cop barfed in our backyard. The other cop had to take early retirement.

"Raindrops Keep Falling On My Head"? Or whatever. Which is apparently some old song from some movie. That was the record that was on the stereo.

They Were So Weird. I mean I should know right because they lived right next door. And they were. So weird. I mean even their name right. Boyle. Think about it. Boil. Which maybe if you were cool you might be able to get away with a name like that but if you are weird and have a name like that it just makes you weirder. I mean there are lots of weird names, like this guy I know Steve Fleck which becomes Flecker which becomes Pecker Flecker which becomes Jerk Off which becomes Jerk and that's pretty misfortunate; but the Boyles, forget about their name they were just weird. Especially

B-Boy. That's what we called him. B-Boy. We used to call him Boyle Boy but Boyle Boy was too hard to say especially if you were chasing after him and yelling: "Get back here Boyle Boy so I can kick your head in!" Not that I ever said that or anything. But it just was easier to say "Get back here B-Boy so I can … give you … um … something nice …" or you know.

He was so weird.

That kid couldn't even ride a bike. And he stunk like Irish Spring soap because he used too much of it, like he put six bars under each armpit or something. And he picked his nose. Til it bled. I know, I saw it. And Mister Boyle he was weird too. He coached soccer. Need I say more. And he drank. A lot. But I guess I mean like whose dad doesn't right. Unless you're in the Salvation Army or the Mormons. But when my dad used to live here, whoa, our fridge was like: you open up the fridge and it's like some kind of beer store, like there's like a line up of people in there and some guy behind the milk carton going: "Hey can I help you?" And this other guy: "Ya gimme a six pack of everything." Hey that's my fridge okay guy? They don't drink in the Salvation Army or the Mormons though. I know because I had this Big Brother one time who was in the Salvation Army, he didn't drink, he played the trumpet, would've been cooler if he played the guitar but he didn't. He moved to the west coast though because he was stalking a Mormon.

And Mrs B, she was weird too, because she was really high strung — that's what my Mom said, because she was always trying to be overachieving as the perfect Mom, so she was always acting like Moms on detergent commercials and so she was always carrying this tray out into the backyard with like stuff or whatever on it. Like in the summertime it would be lemonade and cookies — or in the wintertime it would be hot chocolate and mini-marshmallows — but she was always doing this carrying-a-tray-out-into-the-backyard thing. Which was really sad because there was never anybody in the backyard. Except B-Boy. Or maybe me if I was you know desperate or grounded or something. But she was so weird she didn't even notice how sad it was.

I ate there once. I was just trying to be nice. You know what they had for dinner? Spaghetti. Just spaghetti. And I don't mean just spaghetti just spaghetti I mean just spaghetti period. Plain spaghetti. Like with nothing on it. Like not even cheese. Like not even ketchup. Like not even shaking cheese. Naked spaghetti. And — even weirder? Mrs B cut up Mister Boyle and B-Boy's spaghetti for them. Like right in front of me. And they didn't even try to stop her out of shame or anything. Like if she'd come up to me to cut up my spaghetti I'd be like: "Back off Lady! That's too weird." But she didn't. I mean they were truly deeply weird but I still don't think he should have had to die that way. I mean like I said he coached soccer, but he never coached me but I mean I've been coached, I've been to out-of-town tournaments okay, I've stayed in hotels, I know what goes on. Like midnight like, knock knock knock, like "How's your sore leg?" like knock knock knock, like "Why don't I rub your sore leg?" like "Relax while I rub your sore leg." Like "That's not my leg Mister Hudson? Why don't you try Steve Fleck down the hall?" Jeeze, I hate when that happens.

And he beat her. Mister Boyle did. Beat Mrs. B. That's what my Mom said — because one time my Mom saw Mrs. B at Craft Club and she had a black eye and my Mom asked her what happened and Mrs. B said "Oh nothing I just fell down." Like what into a doorknob?

And Mrs. B was always going to stay at her Mom's or her sister's place or something, like all unexpectedly, like in the middle of the night. Which is apparently a sure-fire sign. And she was staying at her Mom's or her sister's place or something the weekend it happened. And when she came back and saw what happened she was totally freaked out. Totally Freaked Out. And I think she was probably partly totally freaked out out of guilt; because she wished she'd done it. That's projection. It's psychological. It's where you have these really intense feelings for this person or this thing and you can't handle it so you put it on some other person or thing but sometimes it can backfire and you have a complete mental breakdown and you have to go on prescription drugs and then you walk funny cause your feet feel swollen. It happens to people.

But I guess she would have just cause to be totally freaked out because what happened was so totally weird.

Sound.

Apparently what happened was B-Boy gets Mister Boyle down into the basement under some false pretences like he says: "Come on down the basement Dad I taught the dog a trick" Or … No they didn't have a dog so forget that … or, "Come down the basement Dad I fixed the stereo" … Like he would've believed that … Or no, "Hey Dad there's beer down here." And then Mister Boyle goes down and he's like "Okay so where's the beer" and then B-Boy throws this fishing net over Mister Boyle and then he whacks him on the head with this canoe oar and when Mister Boyle comes to he's all tied up to the cot behind the furnace behind the stereo and he's like "What the hell is going on" or whatever like "You are so dead" and there's B-Boy and he turns around and he's holding this hacksaw. This hacksaw from this tool set which was given my Mrs. B to Mister Boyle and B-Boy the Christmas before as a joint present so they could bond! Bond! She even said that, "bond"! You can read it it was in the paper I cut it out it's in my scrapbook! And Mister Boyle's like "What the hell is going on?" like "You are so dead" like not getting it. And B takes this hacksaw — still with the ribbon on it! — and with the hacksaw B-Boy cuts off Mister Boyle's finger from the tip of the finger to the second joint, just like that. And then. He takes this blowtorch, and with this blowtorch he uses it to cauterize the wound to stop the bleeding — which he saw on this weird science show on cable — which we all saw right — you only needed cable to see it — they talk about violence on television what about science on television. And then he cuts from the second joint to the knuckle and then each finger like that in two pieces and then the thumbs and the hands and the forearms and the humerises and the everything until Mister Boyle is just a head and a torso. A living head and torso. A living head and torso which B-Boy forces to watch over the course of the whole long weekend while B-Boy takes each piece of Mister Boyle and puts it in this cardboard box which on one side has written on it "Apology" and on the other side has printed on it "Some Assembly Required".

Would that not make a fantastic movie?

Light and Sound.

> [*scream*] "For God's sake what are you doing, stop please stop!"

> "No! Are you sorry now? Are you? Are you sorry for that finger that pointed out all my mistakes, are you sorry for that thumb that never said things would be okay, are you sorry for that hand that never helped me up?"

> "Yes I'm sorry, now stop this please, I'm your father."

> "Yes you might be the father but I am the son. I am the son created to destroy you!"

Light and sound restore.

> … or whatever.

> "Raindrops Keep Falling on Your Head".

> That was the record that B-Boy played over and over on the stereo to drown out the screams of Mister Boyle. Which is true because my Mom remembers hearing it when she went to light the barbeque …

> And weirdest? He fed him. B-Boy fed Mister Boyle. And he didn't have to right? It was only three days. You can live like thirty days or sixty days or something without eating. But he did. He fed him. Spaghetti. Plain spaghetti. I can't even eat spaghetti anymore, not even with sauce on it, ask my

Mom. And you can just imagine Mister Boyle on the cot just a head and a torso and maybe a bit of thigh and B-Boy all crouched down beside him cutting up the spaghetti just like Mrs B would have done and feeding it to his Dad. "Here have some spaghetti."

Have some spaghetti Dad.

And I think that kind of proves that B-Boy really loved his Dad. Or ... not ...

Imagine what a drag it would be to have plain spaghetti as your last meal.

Imagine if that happened to you.

Sound and light.

ADAM: What a great kid. It's such a shame what happened to him. You see he became so obsessed with that crime he could think about nothing else. He set up a mock-up of the crime scene in his own basement: he became fixated on all the details: the weight of the body parts in the cardboard box, the amount of blood lost between the incision and the cauterization. He scoured medical websites, he printed out all the old newspaper articles and posted them around his room like wallpaper, he made scrapbooks, he had five identical scrapbooks. He could think about nothing else, he could talk about nothing else. But people stopped wanting to talk about that because better things happened: those two teenaged girls in Wisconsin who ate their grandmother, the woman in Niagara Falls who made jewelry out of her baby's bones and sold it to unwitting tourists. But this poor kid was only interested in the Boyles and B-Boy and why did B-Boy do it. Why? And that's the question that pushed that poor kid so far inside himself that he was lost in a world of why's. And why is the question that we're left with when we ask why did that poor kid do what he did. One night. Took a long walk. Out along the highway. Until he got to the most treacherous spot. And he stood there. And he waited.

Light and sound as Monty "walks" into traffic.

(*Here we used a light effect of a lit lightbulb falling to the stage.*)

ADAM: "Why ..."

Light and sound restore.

Poor kid.

But everybody's got their story. I know you do. And you know I do. That's why you're here. And I'm glad you are. It's nice to see you. Of course you're all older and uglier and stupider than you were twenty minutes ago. But that's no crime. Well what do you expect, what with your hectic schedules and accomplishing nothing all day. [*Pause*] I said what with your hectic schedules and accomplishing nothing all day. [*Pause*] Oh I thought that was funnier than that when I thought of it. But I guess I'm no comedian ... Oh. Hey. Somebody here doesn't like me. Well that better stop or you'll be ejected. Or worse I'll get you up here and explain to everybody how you've manipulated every situation you've ever been involved in so that it would benefit yourself. Yes I'm talking to you asshole. [*Suddenly laughing*] No I wouldn't do that! I'm just joshing ya! Don't be scared. What have you got to be scared of? You're the King. Yes you are, the King of your world. Each of you is. The King or Queen of your world. So what you Kings and Queens want to do is line your fears up against the wall and call the firing squad. There's some good advice.

Hi I'm Adam. You can call me Adam.

Sound: voice: "Hi Adam".

Fuck off! Oooo! I hate that name. Well hate is strong, after all it is the name that will be chosen for me and it certainly does have its significance, it's history; but you see that's the thing, because History doesn't appeal to me because History doesn't apply to me because I don't actually exist. Ah me me me me me, enough about him. Let's talk about someone else, let's talk about someone who does exist. Let's talk about Al.

Light.

Sound: phone rings, voice: "Janine on two."

AL: Hello.

JANINE: Hi honey it's Janine.

AL: Yes Janine, I know it's Janine that's why we pay a receptionist to tell me it's Janine.

JANINE: You think you're being funny but you're not you're being mean.

AL: I'm sorry. What is it?

JANINE: I was thinking.

AL: Uh huh.

JANINE: I think I know what your nightmare's about.

AL: Janine I'm at work.

JANINE: I know but tonight.

AL: I have my meeting tonight.

JANINE: I know but after your meeting.

AL: No Janine I'm going to stay at my place tonight.

JANINE: No you're just going to go home and get all grumpy.

AL: I just need to spend some time on my own.

JANINE: You can spend some time on your own with me.

AL: Not tonight Janine.

JANINE: Yes, you said, you owe me a movie!

AL: Not —

JANINE: You owe me a movie you owe me a movie you owe me a movie —

AL: Not tonight.

JANINE: You owe me a movie.

AL: [*angry*] All right all right all right!

Light restore.

ADAM: Al! Settle down! What a hothead. If you don't want to do it just say no. "All right all right all right." Who's the simp now? But we should not judge Al too harshly too quickly because as da Vinci said "One does not have the right to dislike a thing that one does not fully understand." And if da Vinci said that it must be true because he was smart. And so in the spirit of da Vinci, in the spirit of smartness, in order that we might more fully understand Al we're going to take a trip. Back in time — back before the summer of love, back when Vietnam was jut a place on a map, back around the time Marilyn went to sleep, two days before Al gets his first tooth. And we're going to meet: Al's Dad.

Light and music.

AL'S DAD: Rob Roy, Rob Roy, Manhattan, Crème de menthe. Rob Roy, Rob Roy, Manhattan, Crème de menthe.

Sound: Baby cries.

Rob Roy, Rob Roy, Manhattan, Rob Roy,

Sound: Baby cries.

Helen!

Light and music shift.

ADAM: That's Al's Dad. He's in his living room having a few drinks on a Saturday afternoon. And there's nothing wrong with that. He built this house, he made this life for his family, there's nothing wrong with a guy having a few drinks in his living room on a Saturday afternoon.

Light and music shift.

AL'S DAD: Rob Roy, Rob Roy, Manhattan,

Sound: Baby cries.

Rob Roy, Margarita, HELEN!

Light and music shift.

ADAM: — is Al's Dad's wife. Al's Mom. She's out back in the garden. She spends a lot of time in the garden. She almost never takes off her gardening gloves. Oh! Maybe that's why Al brought Janine those gardening gloves that night and asked her to wear them while she … Oh but you don't need to know the dirty details do ya? Anyway:

Light and music shift.

Sound: Baby continues to cry.

AL'S DAD: Rob Roy, Rob Roy, Manhattan, Rob Roy, Margarita
Rob Roy, Rob Roy —
Why won't that baby stop crying?

Light and music shift.

ADAM: — in the next room, that's little Al.

Light and music shift.

AL'S DAD: Rob Roy, Rob Roy, Manhattan, Rob Roy, Zambucca.
Rob Roy, Rob Roy, Manhattan —
Why won't that baby stop crying?!

Light and music shift.

ADAM: The baby won't stop crying Mister Al's Dad because he's just like you. He can feel everything. And you know how bad it can feel to feel everything. That's why you're so fond of your:

Light and music shift.

AL'S DAD: Rob Roy, Manhattan, Zambucca, Rob Roy, Martini, Crème de menthe

WHY WON'T THAT BABY STOP CRY!

ADAM throttles AL'S DAD, silencing him.

Light and sound restore.

ADAM: Because he can feel everything.

See that happens to some people. Some people have flat feet, some people have bad backs, some people get headaches, some people have allergies, and some people can feel everything. I've got that. I can feel what you're feeling. It's not like I can read your minds or anything like- ... Well it's not like I can read everybody's mind, but there's always a few ... Okay, now I don't want to single anyone out and I don't want to turn into the Amazing Adam, but somebody in the room is concerned about their daughter and I just want to say that ... Well ... It's a tough one ... Especially in this case, but ... I'll just say that all your concern and all your worry isn't going to change a thing, she's just going to end up hating you anyway so why don't you just forget about it and have some fun. See. I can feel things. But so can you. That's why you're here. Shhhh!

The movie's starting.

Light shift.

JOE: Hello my name is Joe and I'm an addict.

Which is a good thing.

I mean it's not a good thing to be, you know what I'm saying, but it's a good thing to know.

And I know.

When I was using I was using everything. I'd swallow, smoke, snort, shoot anything — except paint thinner. And only no paint thinner because one time it almost made me go temporarily blind.

Since I was fourteen the longest stretch I'd ever been clean-before this stretch here — was forty-eight hours and that was only because I was having my appendix out and my dealer couldn't find the hospital. This time I decided to get sober partly because of the fact that one of my kidneys broke on through to the other side and partly because of the fact that I realized that when I was down there in the mud, in the dirt, in the shit — all anybody cared about was themselves and screw you and what's in it for me, and that's not where I wanted to, you know what I'm saying, be. So I quit everything.

Problem was once I quit everything I'd wake up every morning and not know what do to, you know what I'm saying, with myself. What, you know, should I, you know, do? My girlfriend Pam said that was just what it felt like to be normal and that I'd get used to it. Course my getting used to it that would be wishful thinking on Pam's part because ever since I cleaned up I wasn't able to you know, with Pam — well I was able to — but I wasn't able to — you know. My heart just wasn't in it. Pam said

"It's not your heart I need in it." Pam's great. So I didn't know what to do so I would just you know do nothing and wait for something to happen. But man you can wait and you can wait. There's me every morning: looking out my dirty window, school-buses pass, churchbells chime, ladies in new shoes, guys in ties with briefcases in elevators, the enormous world passing me by, Pam not getting any and me doing nothing. So I figure it's up to me to, you know, step into my own life, you know what I'm saying, make something happen. So I try to, you know, do a few things. I get in touch with my old man, try to reconnect with him, I do a few, you know, fix-up things around the place, I call into a few of those phone-in radio shows. But none of that was enough. See I saw I needed something bigger something I could really put myself into, something maybe with a payoff, something that was going to change my life, something huge see. So this one night I go to bed — and I'm not normally the kind of guy who prays okay, but sometimes I do, and when I do I say "Is anybody out there?" and then I say my you know petition or my thing. So this one night I go to bed and I say "Is anybody out there?" and I say "Could I please have something to, you know what I'm saying, do?" Well the next morning I wake up and honest to, you know, whatever, there it is, in my head, like a gift. This one perfectly formed idea. Which is a movie. Now I don't mean an idea for a movie I mean a whole entire, you know what I'm saying, movie. I mean this is like if you could plug a cable into my head and connect it to a screen it would play this whole entire movie from credits to credits just like that. I mean excuse my French but fuck me blind and call me Friday! Where'd that come from?

And it's good. I mean it's the kind of thing you've got to see but I'll try. I mean I'm not really a verbal type of guy but — well … Stuff — I mean some stuff is like the beginning where it's all quiet and dark and you wonder has it started yet and all of a sudden it has and then it's the hero. Gary Oldman! Gary Oldman! Where the hell has Gary Oldman been! It's his big comeback! And Gary Oldman there's a guy who's been there, you know what I'm saying, there's a guy who knows! And it's an on-the-run type of story and he's on the run and then he meets up with the beautiful mysterious hitchhiker who is in my head played in some scenes by Carmen Electra and in some scenes played by Tara Reid — which is, you know, very interesting to you know, have two people be one person because hey aren't we all at least two or more people at least, you know what I'm saying — and when Gary Oldman and beautiful mysterious hitchiker first meet they talk and they realize they met once before years ago in this bookstore in Baltimore and he says "Small world" and she says "No it's not" and he says "It's not?" and she says "Not if you have to go up to each and every person who deserves it and kick their ass." Then it's a love story. And they're on the run and they're in love and they hook up with this friendly dwarf who becomes their buddy and gets them out of all these tight corners they end up getting themselves in. Oh yeah and then this one really nice scene, about half way through, and it's late at night on the beach and the friendly dwarf is saying goodbye to Gary Oldman and the friendly dwarf looks at Gary Oldman and he says "You're on your own man" and then the friendly dwarf explodes. And this "you're on your own" thing is a kind of recurring kind of motif all through the um, you know what I'm saying ... And this great scene later where Gary Oldman is despondent because his buddy the friendly dwarf is gone and because Tara Reid and Carmen Electra end up meeting up in this strip club and falling in love and running off together on him, and he's really despondent and he's standing at the edge of the highway and he realizes the only way he can heal the sadness of the world is to end his own life and so he steps out into the oncoming traffic but just when he does the highway turns into a river and the cars all turn into fish and Gary Oldman walks safely through the river of the highway to the other side. It's a miracle. Oh yeah and then the last scene which is kind of strange kind of dreamy kind of scene and it's Gary Oldman but as a kid and he's in the basement with his old man and he's got this hacksaw and he cuts his old man up into little pieces with this hacksaw and puts all the pieces in this cardboard box while "Raindrops Keep Falling on My Head" keeps playing over and over on repeat on CD ... on repeat on CD ... on repeat on CD. Credits. The end. Yeah. Well. It's not "Little Miss Sunshine" but, you know, it's not to everybody's taste but what is? But I'm telling you it's one hundred and seventy percent better than most of the crap that's out there. But it doesn't matter anyway if you like it or not because it's my thing. It's my thing that I've got to do with my life. And I know what you're thinking. "Oh yeah this guy make a movie, yeah right." But I happen to have some connections to the movie business from Pam from these guys she used to know from when she used to dance at the Wigwam. And this guy who knows this guy who knows you know how it goes this guy Murray who's a producer. And Murray's like "Hey how you doing?" Like: "Hey how you doing?" Murray, he's got one lung and half a larynx. And I meet up with Murray and I tell him my idea and Murray's like: "It's shit." And I'm like: "Oh" and he's like: "But shit sells." And I'm like: "So what should I write it down or something?" And he's like: "No that's okay we got assholes we pay to do that kind of shit work. Aaron!" Aaron. Aaron. "Hey how you doing? Hey how you doing wassup?" Aaron. This guy he's a writer. "Hey how you doing wassup? Lemme getya a drink." He's Jewish but he's not stuck up about it or anything and does he drink? Man I didn't know they drank. But he drinks. "Lemme getya a drink. Lemme getya a drink." No, I don't drink. No I don't drink. I've got to remind him every time. I go to his place three times, these three nights in a row and I'm explaining every detail of the movie from beginning to end, the story, the characters, what they say, what they do, what they wear, the colour of the chairs, every detail of the movie and Denise is there taking notes who is his girl, not his girlfriend, his assistant, they call it "his girl", and she's taking notes and she's very nice except she's got this "Excuse me I gotta pee" thing going on. Every ten minutes she's like "Excuse me I gotta pee" and either she's got a bladder as big as a nit or she's working on the worst coke habit this side of Columbia. "Excuse me I gotta pee." Hey what's going on man you just peed ten seconds ago. "Yah I guess my bladder's a big as a … " Nit? "Yah ha". Yah, ha ha. But you know she's nice enough and she's taking notes and we get to the end of the movie and they say let's have a champagne toast and you know what I say. "You got any ginger ale?" They got champagne! They got cocaine! I'm asking for ginger ale! Cause now I've got my thing, my

83

thing I'm going to do with my life. So we get to the end, have a champagne toast, ginger ale for me. Sign some papers. I leave. And then — nothing. For how long? Oh I don't know, how long's an eon? Make it two. And at first I'm thinking you know okay maybe it didn't work out but that's okay cause I'll just talk to some more movie people. There are so many movie people in the world! You could stand on any street corner in any city and throw a tube sock full of cat shit and you'd probably hit a movie person. Or maybe okay maybe hey it is working out it's just you have to have patience with these things I mean it look thirty-five years or something to make "Planet of the Apes". But the amazing thing is that all this time that nothing is happening — everything is happening with me — because I don't want a drink I don't want a snort I don't want a pill I don't want a hooker I don't want to be jealous of Pam, because now I've got my thing I'm going to do with my life. I'm keeping a notebook, I'm going to the Y, I'm off dairy, I'm a different guy. Then. We get this call from Denise's girl inviting us to this premiere and I'm thinking okay sure do some networking, talk some movies, reconnect with these guys; so Pam and me we go and we get there, very tony affair, and we sit down and the movie starts and it's my movie! It's my movie! I mean it's not exactly … I mean some things are different: I mean Gary Oldman's not in it but this Gary Oldman type guy who used to be a doctor on this TV show is in it, but other stuff is there, the friendly dwarf is there, the highway and the river and the fish are there, the mysterious hitchhiking girlfriend's there, but there's only one person playing her, but it is Tara Reid! But one thing they changed is they put the end at the beginning so that the Gary Oldman type guy as a kid in the basement with his old man and the hacksaw is the thing the Gary Oldman type guy's on the run from. Which I guess makes more, you know what I'm saying, sense — in my idea it was more, you know what I'm saying, artistic. But it doesn't matter cause people seem to love it cause: get this: at the end? They all clap! Like at a concert! And after there's a party.

Sound: party.

And two years ago this would have been my favorite kind of party because it has an open bar but I don't do that anymore, and everybody's got that I'm-so-interesting-I've-got-coke grin on but I don't do that anymore, and you can just smell how fucked up everybody's planning to get later but I don't do that anymore. And I'm on my own because Pam's at the bar looking for Tara Reid — suddenly she's a fan, and I'm pretty much on my own but that's okay because I know lots of people here. Murray, I saw him in a crowd of people and Aaron, he's pretty high and I'm trying to stay away from him and Denise, she was at the door. Hey Murray! Murray! Hey over here!

"Hey Joe how you doing? Did you like the picture?"

I did I did I did I did I did soooooo … when do I get my cheque.

"Right right ha ha you're a funny guy, oh there's my bepper, gotta go."

Hey Murray hey wait! … Hey Aaron? Aaron. How you doing?

"Hey wassup Gordon, lemme getya a drink."

It's Joe.

"Right Joe man, lemme getya a drink."

No! Hey so listen Aaron what's the deal on this picture, it's going to be playing around or what?

"It's going to be huge hang on lemme get us a drink from the bar."

No hey wait hey Aaron. It was my idea man. It was my idea.

"You stole the idea."

Huh?

"You stole the idea man."

Huh? Hey you're the dwarf from the movie.

"Yeah now I'm the dwarf from the party. You stole the idea."

No I didn't.

"Yes you did, from Jerry Buster Foster."

Who?

"Jerry Buster Foster. 'Yardstick Clothesline?' 'Merry Xmas Santa's Dead?' 'A Long Slow Death In August?' You never heard of Jerry Buster Foster?"

No.

"Bullshit. This is his unfinished film 'Hack'. I know I read the script."

I think you're wrong.

"I think you're an asshole."

Cool down little guy.

"Little guy? Little guy? You're dead faggot."

It was my idea!

"Could you keep it down please?"

Denise thank God, what the hell is going on with my movie?

"Your movie? It's Murray's movie."

It was my idea.

"Well what do you want you got a credit."

What credit?

"At the end. A special thanks."

Special thanks?

"Excuse me I gotta pee."

It was my idea.

"I'll mention it to Murray."

Hey!

Hey! So it looks like I got ripped off but I guess you got to start someplace. And I'm on my own. Murray's nowhere to be seen, Aaron's out front trying to flag a cab with two teenaged girls and a tank of nitrous oxide, Denise has got herself barricaded in the ladies room, Pam's probably going down on Tara Reid's bodyguard buy now. And I'm on my own. And I feel so big and strange and like I don't speak the right. "Can I get you something from the bar?" No. "Can I get you something from the bar?" No! Then Murray sends over a glass of champagne. I don't drink man. And Murray sends over a line of coke on Carmen Electra's pussy. I don't do that man. And Murray sends over the blood of Christ in a brand new needle. I don't do that shit man! You ever see a bird in a building? A bird trapped in a building — and he thinks it's a cage but it's not, there's an easy way out but he can't find it cause he's so freaked out? Well that's me. I'm the bird. I'm the bird in the building. I just need a way out. I need a day off. I need to forget. To obliterate. Pam?! Sometimes a guy just needs to take a break. Who am I trying to kid? I'm a party guy. I'm a late night guy that's who I am. Who am I supposed to be if I can be myself.

Joe steps off stage and gets a glass of champagne. He speaks as he walks.

You know last week I was helping my old man move. He was moving out his girlfriend's place and into his own place. And I picked up this big box that was really heavy and I said hey what's in here and he says "Oh they're my golfing trophies." And I say your what? He says "My golfing trophies." Hey, I didn't even know my old man golfed!

Joe raises the glass to his lips. He stops.

Well who am I supposed to be if I can't be myself?

Joe drinks the glass down. He discards the glass. Light shift.

It's the mists of Avalon! It's the fountains of Atlantis! It's the fires of Rome! It's the showgirls of Vegas! It's five minutes to midnight all night long and I'm back!

And I'm out of there and someplace else, someplace me! And it's elbows on the bar and a lovely creature at the taps and she lives just upstairs and what a wonderful record collection America, Bread, Crosby, Stills I love Neil Young and there's beer in the fridge and whiskey in the jar and hydro in a little wooden box on the coffee table and lots more where that came from and ten minutes later it's in the bedroom and every pose of the Kama Sutra and every wish of the bone, and I'm not talking turkey! And then she's spent but I'm still ready, I'm still up, I'm still gone and I'm on the street and down the alley with the boom boom boom where the DJ spins pure noise all night long, and there are no line-ups in the can for all the lines you an do, where every conversation fills you up, and you're so right, and that's so true, and you're so smart, and you're so funny, and you're so pretty, and you're so strong, and you're so red, and that's so blue, and you're so me, and I'm so you, and we're so us, and go go go, and the upstairs bar, and the downstairs lounge, and the hand-job in the back of the yellow cab, thank you sister!, to the windowless backroom and the soda-can pipe that builds me a monument, a monolith, a mountain of midnight and up up up up the mountain I go until finally I'm at the top where there's a view, a heavenly vista, an all round view of you — of me! The way I should be! It's me it's me I'm finally back, I'm finally free! I am the King of my — And then without warning gravity's gone. And gravity does a lot. Gravity makes the stuff stay in your stomach, gravity keeps your tongue from sticking to the roof of your mouth, gravity lets your eyes close from time to time. But now my eyes are so wide open and I've got no circulation in my legs and all my organs are in my chest and it doesn't feel very good. And I want more but more's not enough because more's just more and more's not enough. And Pam! I'm sorry! … Then gravity's back with an angry vengeance and down I come — back down to the mud, to the dirt, to the shit, back where I belong. And the sun comes up and the party's over and the credits roll and I go home and Pam is gone and where's the payoff and screw them and what the hell's in it for me?

Anyway. I guess today's the first day of the rest of my blah blah blah.

Anyway. That's all. Thanks for listening. That's all. Thanks for listening. Thanks. That's all.

Light shift.

RON: All right then, thank you Joe.

DAVID: Thank you Joe.

TINA: Thanks Joe.

AL: Thanks uh Joe.

RON: All right then would anyone else like to share?

DAVID: Yeah Ron. Hi my name is David and I'm an alcoholic.

RON: Hi David.

JOE: Hey David.

TINA: Hi David.

AL: Hi um David.

DAVID: I just wanted to say that I'm feeling really good and I'm feeling really strong and I'm feeling really … feeling. And that's something I haven't felt in a really long time and I just want to say that I have all of you to thank for that … and the program … and myself. [*He bursts into tears*] I'm sorry I didn't want to cry. [*continues to cry*] Thanks that's all sorry thanks.

RON: All right then thank you David.

JOE: Thanks David man.

TINA: Thanks David.

AL: Yeah thanks uh David.

RON: All right then anyone else like to share?

TINA: Yeah Ron. Hi I'm Tina and I'm cross-addicted.

DAVID: [*still crying*] Hi Tina.

JOE: Hi Tina man.

TINA: I'm not a man!

JOE: No I know I just-

AL: Uh hi Tina.

TINA: Yeah right well I just want to say my effing mother's is visiting me this week and she's staying in my effing bachelor apartment for four effing days and I am telling you that woman gets so on my effing tits I just want to go out and drink a silo of beer, I want to do an ocean of cocaine, I want to eat a swimming pool of donuts. I just want to go out and get so effing fucked up. But I'm not going to do that because that's why I'm here. And other than that it's been a pretty good week and that's all and thanks for listening.

RON: All right then thank you Tina.

DAVID: [*getting it together*] Thanks Tina.

JOE: Tina.

AL: Yeah thanks Tina.

RON: All right then would anyone else like to share? …

AL: … Um. Well. Okay. Hi I'm Al. And I'm an alcoholic.

RON: All right then hi Al.

DAVID: [*sniffing*] Hi Al.

JOE: Hi Al.

TINA: Hi Al.

AL: Um. I just want to say that … What? Well. You people are pathetic. No I mean not pathetic I just mean I'm wasting my time. Or your time I mean. Sorry. I mean because this is just silly I mean not silly but serious, it's me who — uh yeah so that's all. Thanks.

RON: All right then thanks Al.

JOE: Thanks Al.

DAVID: Thanks Al.

TINA: You fuc-

RON: All right then we'll adjourn the meeting. Keep coming back, it works.

Light shift.

ADAM: That poor bastard.

Sound: voice: "Hi Adam".

ADAM: Fuck off this isn't about me this is about Al. That poor bastard. He's trying so hard — that's what he'd say "I'm trying so hard." But I mean you look at him and what do you see: a guy who can't help alienating everyone every time he opens his mouth, he hates his job, he has no friends, he's mean to his girlfriend and doesn't respect her enough to leave her. But underneath it all Al's special. Of course aren't we all. But Al's especially special because I chose Al to be part of my story. I wonder what he's thinking? Right now?

Light shift.

AL: I am such an idiot. "You people are pathetic"? Why can't I just keep my mouth shut? Obviously I have no ego. How could I possibly have an ego and still humiliate myself like that in public. Can a person live without an ego? If I could just blame someone but who am I going to blame? My father? That's such a cliché. I could though I mean he is a walking talking breathing argument for mandatory sterilization. Or I could blame my mother but that would be unfair since she's eighty-four. "I'm eighty-three!" Eighty-three, eighty-four does it really matter at that point Mother?! I mean I know I was abused. I'm sure I was abused. I just can't remember it. If only I could find the right therapist I'm sure I could remember it in one session. But I was neglected that's for sure — Christ until I was four I thought my name was Rob Roy. Maybe I just need to develop a sense of humour. God how much longer am I going to have to live this miserable life?

Black out.

JANINE: Who are you talking to?

Light.

AL: Nobody. Myself. Nobody.

JANINE: How was your day?

AL: Great.

JANINE: Are you being sarcastic?

AL: Oh Janine, I used to feel like I felt everything and now I feel like I feel nothing.

JANINE: Oh honey, how was your meeting?

AL: Oh I don't think it's for me.

JANINE: Well you've only gone three times.

AL: Yeah but I don't think I fit it.

JANINE: You think too much. Gimme a kiss.

AL: [*kiss*]

JANINE: How do I look?

AL: Good.

JANINE: "Good."

AL: You do look good. I thought we were just going to a movie.

JANINE: I'm allowed to look good to go to a movie.

AL: Yeah.

JANINE: Guess what?

AL: What?

JANINE: I'm ovulating.

AL: Oh God Janine …

JANINE: We talked about it.

AL: I know but …

JANINE: You said when you got back on your feet.

AL: But I'm not on my feet. I'm barely standing.

JANINE: But you're headed in the right direction and nine months from now you're going to be fantastic.

AL: Ohhhhhh …

JANINE: Shall we go?

AL: … Sure.

JANINE: Why are you bringing your briefcase?

AL: I'm going to stay at my place tonight.

JANINE: Okay I'll get my toothbrush.

AL: [*sigh*]

JANINE: You don't want me to?

AL: No sure that's good.

JANINE: You know we should talk about moving in together soon.

AL: Yeah. We can talk about it.

JANINE: Once we get married.

AL: [*sigh*]

JANINE: I'm old-fashioned. I don't know why people are so afraid of commitment. You have to be strong to know how strong you can be.

AL: Right.

JANINE: You just don't believe you deserve to be happy.

AL: Don't Janine.

JANINE: So you don't want to get married?

AL: Not tonight.

JANINE: You don't want to get married tonight or tonight you don't want to get married?

AL: Do we have to talk about this right now?

JANINE: No we don't.

Pause. Janine hums "Raindrops Keep Falling on My Head".

JANINE: What are you thinking?

AL: I'm thinking I'm not talking.

JANINE: I know, but what are you thinking about that you're not talking about?

AL: I'm not talking about the fact that I'm not thinking about anything.

JANINE: Oh. So what movie are we seeing?

AL: Uh I forget what it's called a guy from the meeting was talking about it. Tara Reid is in it.

JANINE: Who?

AL: I don't — It's a love story.

JANINE: Oh a love story.

AL: Yeah.

JANINE: So what, you don't want to have this baby?

AL: This baby? Which baby?

JANINE: The baby that I want to have.

AL: Are you pregnant?

JANINE: Nooo.

AL: Then why do you keep talking about it?

JANINE: Because I'm ovulating I can't help it.

AL: Look, I don't know.

JANINE: Or is it that you don't want to have a baby with me?

AL: No. It's just — I really don't think I'd make a very good father.

JANINE: You'd make a wonderful father.

AL: What makes you think I'd make a wonderful father?

JANINE: Because you're so sensitive.

AL: I'm not sensitive Janine I'm depressed. Plus I have no ego.

JANINE: You have an ego. You have a wonderful ego. You are the king of your world, you just have to line your fears up against the wall and call the firing squad.

AL: What have you been reading?

JANINE: I don't know. That just came to me. But it's pretty good isn't it.

AL: Yeah yeah — look I just don't think I have anything to offer a child. I think I'd just end up resenting the kid because it had a life.

97

JANINE: Don't be silly — you have lots to offer a child. Love for example. There are so many unloved children in the world.

AL: Exactly! There are too many children in the world already.

JANINE: Al, I don't want to get political. I just want one of my own.

AL: Your own? You can't own a child Janine.

JANINE: That's not what I mean. Please Al … I have half a baby in here right now all I need is a little help from you.

AL: I don't know what you want me to do other than to sacrifice myself for your happiness.

JANINE: Well why not. That's what I do for you. That's why they call it a relationship.

AL: Oh come on.

JANINE: Oh come on what?

AL: Listen to yourself, you're playing the martyr again.

JANINE: No I'm not Al.

AL: And you're suffocating me to boot.

JANINE: Al don't be mean.

AL: You harpie!

JANINE: Al!

AL: Harpie harpie harpie!

JANINE: Al!

AL: Harpie harpie harpie!

JANINE: Al!

ADAM: Now now you two shut up I'm trying to watch the movie.

Light shift.

Sound: Horror movie screams.

Janine watches the movie and becomes more and more horrified. She turns as if to leave.

Light shift.

JANINE: I can't believe you took me to see a movie like that in my condition.

AL: What condition?

JANINE: I'm ovulating. My egg is probably traumatized.

AL: Your egg's not traumatized.

JANINE: Oh thank you Doctor, tell me more about my womb.

AL: I'm sorry I didn't know it was going to be that kind of movie.

JANINE: Oh my God that was so disgusting — the idea that a child could do that to his parent. Why would anyone even make a movie like that?

AL: Oh Janine wake up, read the papers, it happens.

JANINE: Oh stop it. I'm going to have to get a DNA test now, all my eggs are probably traumatized.

AL: Oh don't be stupid.

JANINE: You took me to that movie to hurt me.

AL: I wasn't thinking of you.

JANINE: Exactly!

AL: Get off my back!

JANINE: I know what your nightmare's about Al — it's about the fact that you're a selfish S.O.B.

AL: Oh fuck off.

JANINE: [*gasp*] I beg your pardon.

AL: I said: "OH. FUCK. OFF."

JANINE: No. You, fuck off.

AL: No you fuck off.

JANINE: No you fuck off.

AL and **JANINE:** No you fuck off. No you fuck off. No your fuck off.

ADAM: No you fuck off.

Sound: voice: "Hi Adam".

ADAM: Fuck off. Damn. Huh? Damn. Those two. You can almost smell the wedding cake but they just can't seem to see eye to eye. Well it looks like the only thing to do now is to call it quits, to roll the credits, to clean the slate. But some people just don't know when to ... Stop. See for some people life is like a bad haircut: at first you think "How am I going to live with THIS?" but then enough people remind you that it will grow out and eventually it does and then before you know it there you are back in the same barber's chair. You see what a person needs at a time like this is good advice but you can't get good advice from just anybody and unfortunately when the chips are down some people will talk to just anybody. Won't they Al?

Light shift. Al is driving.

AL: I'm so angry. I am so mad. I am so angry at you. I don't even know why I'm talking to you, why do I bother. I just want to break something or hurt someone or hurt myself just to spite you — but I haven't got the heart. I want to go out and get absolutely shitfaced drunk … and don't try and tell me what to do — as if you would anyway — you never have before why start now, all I ever get from you is the same useless shit over and over — I am so tired and so angry and just so finished so finished so finished with you.

Al seems something on the road ahead of him. He leans on his horn. Sound: a honk. Light: the same effect as when Monty walked into traffic (we used a falling lightbulb.)

AL: Crazy kids. [*pause*] And could you please make Janine come back. Ow! And could you please make this not be a kidney stone. Amen.

Light shift.

ADAM: Oh yeah some people will talk to anybody when the chips are down. Won't they? Don't they? Don't you?

What do you want? What do you really want? "I want peace in my home. I want to raise my children well. And I want to get off occasionally." No no what do you really want? Under that? Come on. What do

101

you really want? The respect of strangers? More money for more stuff? Sex on demand? Of course but under that? Come on. Proof that she loves you? Assurance he'll stay? No. Under that. What makes the world go round? Yes. That's it. You're not such an asshole after all. What do you really want? Revenge. Revenge. For everything. Revenge. For having been born into this shithole. Revenge. REVENGE!

Light shift.

JERRY BUSTER FOSTER: Hello. Hello. I'm Jerry Foster. Jerry Buster Foster. Perhaps you've heard of me, I'm a former filmmaker. Ah perhaps you haven't, I'm about as former as you can get. I'm thinking I should change my name to Jerry Buster Former. I don't normally come out in public like this these days — but I was disturbed by something I'd been hearing about and I thought I'd better say something about it — if for nothing else but my own peace of mind. I understand there's been quite a bit of talk about this new film that's come out that is supposedly based on my unfinished film "Hack" and I'd like to say that this bothers me quite a bit — and it's nothing to do with money or copyright or anything like that — you can't own an idea. But what it is about is why I didn't finish making the film in the first place. You see the idea came to me almost as a dream, one morning I woke up and there it was and I was a young man full of piss and vinegar and I'd had a bit of success so I just went ahead and started shooting. And I will say there were some wonderful things about the film: the opening scene with the darkness and the silence was lovely, and the scene with the highway and the river and the fish, well that was quite radical for the genre, and Shelley Winters as the love interest — well …

she was luminescent. But. The problem originated in the gruesome gruesome basement scenes with the father and the son and the hacksaw — and when I watched that footage I was overcome by a deep sadness, because there was nothing there other than psychological cliché. And worse what was there was action motivated by nothing other than a desire to destroy and I'm sorry but that's not real. It's not real because it's not human because we are creators not destroyers — and I know I know I read the papers but I wonder if perhaps the evil that exits in the world today has something to do with men like me making films like that. Isn't it all just the exploitation of fear, the fear that is created by societal dysfunction? Which is itself created, by the institution's need to limit personal freedom in order to turn all thought into material consumption so that the … oh … well, once a Marxist. But the point is I stopped making the film and not finishing the film effectively destroyed my career as a filmmaker. But I felt very strongly then — as I do now about this new film — that we don't need to show that sort of thing. What we need to do now, is to turn our attention away from the darkness, this darkness we seem to have made. We must take that responsibility. I can't imagine it's too late. So I would like to ask each of you now, in your own way, to turn you attention away from the darkness and toward the good things. Toward the … the … the … Shu … Shu … Shu …

Light shift.

ADAM: Shut up!

It was real. It was so real. Action motivated by a desire to destroy — you love that shit. It appeals to

your dark side. I think it's a fine film and if you don't
that just proves what a pretentious cretin you are.
Yes I'm talking to you again asshole. Are you offen-
ded? You should be because that's my job. I in-
sult you so you can feel indignant. I humiliate you
so you feel justified in your self-mutilation. I make
you feel bad about yourself so you can in turn con-
descend to the peons you surround yourself with. I
am your anger and your resentment. I am your bo-
redom and your restlessness. I am your apathy and
your self-consciousness. I am that part of you that
would rather see the man drown, rather see the
forest fire, rather see the dam break, rather see
the darkness win. I live in this world as a virus. In
this world that you created. In this world that nees
to know, know, know all the dirty details so it can
be smart, smart smart as it can be. But where does
smart get you? Standing at the edge of the highway, ready to stat that step, hoping for a miracle.

Sound: voice: "Hi Adam".

Hi. Think of me whenever you read about those ter-
rible things in the papers that remind you how low
you can go, how strange it can get — how there is
no logical explanation — no answer to ...

"Why ...?" Remember me when you sense the
eternal darkness all around you, when you feel the
inescapable darkness in your heart.

Shhh! The movie's sta ... ah ... ah ... ah ...

Light shift.

JANINE: [*laughing*] Well I'll tell you something about that movie. I'm glad Al and I went to see it, because if we

hadn't we wouldn't have fought and if we hadn't fought we wouldn't have made up and if we hadn't made up I might not be pregnant right now. I'm so happy. This is what I've always wanted. And Al and I are going to get married, as soon as his kidney stone clears up. Just a small wedding. And I sure won't be wearing white. I guess I'm a little old--fashioned and a little modern at the same time. But I guess you have to be, it's a new world. Al's a little worried but that's all right, he's a bit of a worrier.

This baby is going to be so happy. This baby is going to be so loved. This baby is going to be someone special. We've already found out it's going to be a boy. Al will be a wonderful father. He'll teach him to play ball and to fish and how to ride a bike. I can't wait to tell the whole world. "Al and Janine Boyle, proudly announce the birth of their son. Adam."

How's that for a little hope at the end of the day.

Janine turns into Adam.

ADAM: [*yawns*] Good night. Sleep well.

Light and sound to end.

Biografia do autor

Daniel MacIvor nasceu na ilha Cape Breton, no Canadá, em 1962. Atualmente, mora em Toronto e é dramaturgo residente no teatro Tarragon.

Ator, roteirista e diretor de teatro e de cinema, MacIvor escreveu e dirigiu mais de vinte espetáculos e teve sua obra traduzida em diversas línguas. Em 1987, fundou com Sherrie Johnson a companhia da da kamera, que dirigiu até 2007, apresentando seus espetáculos em Toronto, Montreal, Vancouver, e também no Reino Unido, nos Estados Unidos, na Austrália e em Israel.

Em colaboração com o diretor Daniel Brooks, criou, além de *Monster*, os monólogos *House*, *Here Lies Henry*, *Cul-de-sac* e *This is What Happens Next*. MacIvor também escreveu e dirigiu para o cinema os filmes *Past Perfect* (2002) e *Wilby Wonderful* (2004).

Em 2002, recebeu o prêmio Village Voice Obie por *In On It*. Sua peça mais conhecida, *Marion Bridge*, estreou em Nova York, na Off-Broadway, em 2005 e foi adaptada para o cinema com grande sucesso por Wiebke von Carolsfeld. Em 2006, Daniel recebeu o prêmio GLAAD [Aliança Gay Contra a Difamação] por sua série de cinco peças, *I Still Love You* [Eu ainda te amo], da qual fazem parte *In On It* e *A primeira vista*. Em 2008, recebeu pelo conjunto de sua obra o prêmio mais importante do teatro canadense, o Siminovitch Prize.

© Editora de Livros Cobogó
© Daniel MacIvor

Editores
Isabel Diegues
Enrique Diaz

Editora Assistente
Barbara Duvivier

Coordenação de Produção
Melina Bial

Produção Editorial
Vanessa Gouveia

Tradução
Barbara Duvivier e Enrique Diaz

Revisão
Eduardo Carneiro

Capa
Radiográfico

Projeto Gráfico e Diagramação
Mari Taboada

CIP-BRASIL. CATALOGAÇÃO-NA-FONTE
SINDICATO NACIONAL DOS EDITORES DE LIVROS, RJ

MacIvor, Daniel, 1939-

M879i   Cine monstro = Monster / Daniel MacIvor; tradução Barbara Duvivier; adaptação de Enrique Diaz. – 1. ed. – Rio de Janeiro: Cobogó, 2013.v

       Tradução de: Monster
       ISBN 978856096552-6

       1. Teatro canadense (Literatura). I. Duvivier, Barbara. II. Diaz, Enrique. III. Título.

13-06755   CDD: 819.12
                                     CDU: 821.111(71)-2

Nesta edição, foi respeitado o Acordo Ortográfico da Língua Portuguesa de 1990, que entrou em vigor no Brasil em 2009.

Todos os direitos em língua portuguesa reservados à
Editora de Livros Cobogó Ltda.
Rua Jardim Botânico, 635/406
Rio de Janeiro – RJ – 22470-050
www.cobogo.com.br

2013

1ª impressão

Este livro foi composto em Univers.
Impresso pela Gráfica Editora Stamppa
sobre papel Pólen Bold 70g/m².